機構高齡活動設計理論與實務

——律動、能量、團體動力

Group-rhythmical Activities in Elderly Care Facility: Theory and Practice

秦秀蘭◎著

〈代序〉

站在巨人的肩膀上向善努力

面對高齡者多元化的特質，即使同一個日照中心、同一個照顧機構內的長輩，都有不同程度的健康促進和學習需求；但是唯一不變的是——長輩們都需要團體活動，透過「功能性」的團體活動，才能維持健康的身心和認知功能。高齡者活動設計需要不同專業者的智慧與愛心，更需要不同的觀點和視野。筆者持續在社區帶領高齡讀書會團體大約六年的時間，經常帶領夥伴們進行8字型的能量運動、左右平衡的腦部活化運動等。由於團體內多數是有宗教信仰的退休夥伴，很自然也容易有共識。然而，同樣的活動帶領在一般性的中高齡團體內很不容易被接納，因此有相當程度的挫折感。

令人雀躍的是，這三年來幾位知名的中西醫師，例如國內王唯工博士、楊定一博士、許瑞云博士等人，接二連三發表許多有關和諧律動、自然療法、能量醫學的研究和書籍，引導人們重視身體內部的和諧共振波、重視個體的自我療癒能力。感謝這些大師，讓我有勇氣把這些概念加以發揮，期待透過這些能量醫學的高齡團體律動，協助高齡者找回生命內部原有的自

我療癒能量，讓長輩們的身心更加健康。

感謝102年度國科會（科技部）讓我有機會深入機構，瞭解機構入住長輩們的需求。感謝李明芬教授、洪櫻純教授、施振典教授、蕭玉芬教授、莊華盈醫師、林茂安老師的指導；感謝陳志仁和黃秋美兩位主任協助我真實面對機構長輩，從帶領長輩實際活動中，不斷修正每一個活動設計的細節。在此一併致謝。更感謝家母願意嘗試書中各種活動設計並給我修正意見，感謝胞妹秀杏免費提共多種活動器材，讓本書得以順利出版，感恩家人的支持。

一整年的機構活動設計帶領，引導我從驚訝、慌亂、理解，到疼惜長輩缺乏團體活動的遺憾。永遠記得第一次到嘉義市博仁老人養護中心進行活動引導時，我請助理印製了兩張比全開更大的海報，希望帶領長輩進行簡單的「雙人律動操」。活動一開始，我才知道自己是完完全全的門外漢，第一次活動結束後，這兩張海報就再也沒有出現過了。於是我帶著助理們從最簡單的動作、最簡單的小型樂器、身邊常用的小器物開始，逐漸加入音樂、律動、復健器材等等，到現在每一次的活動都能讓長輩玩得開心，又能達到心理和生理療癒的效果，這是高齡團體活動最重要的使命——「把健康促進活動變得快樂、有趣又充滿能量」。

本書的活動從幾個核心概念出發，包括律動、能量和團體

動力。活動進行時以律動性音樂為媒介，一方面透過肢體律動，激活長輩的生物共振波，透過主動式的肢體運動，強化手腳末梢和肌肉的能量；一方面透過團體活動，激發長輩正向的情緒價量，促進體內自然產生更多重要神經傳導物質，達到自我療癒的功能。最終則希望提升長輩的幸福感以及機構的照顧服務品質。

為了鼓勵各類高齡機構照顧工作夥伴、居家照顧者，以及外籍照顧工作夥伴使用本書所設計的單元活動，本書在單元活動設計部分，以圖片的呈現為主，文字為輔，因此圖片的繪製工作額外的吃重。本書的出版要特別感謝閻總編輯的協助，以及編輯團隊的用心，全書輔以生動的插畫，讓每一個單元活動中的長輩都能展現慈祥又幸福的神態。再次深深的致謝。

秦秀蘭

2014年歲末

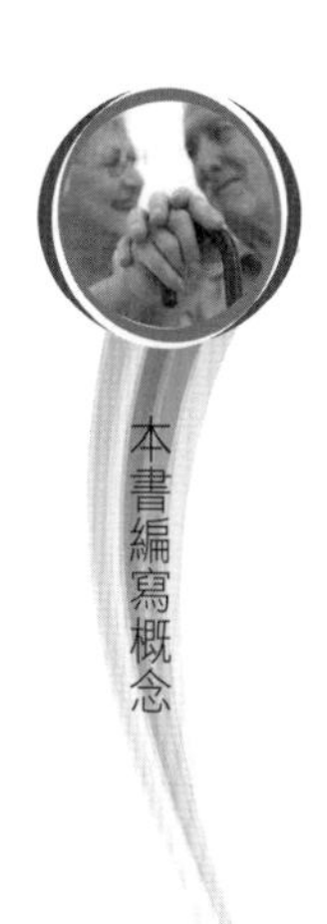

本書編寫概念

楔　子

五月份中旬的一個下午，帶著兩位進修部同學到西部一個海邊小鎮的照顧機構帶領高齡者團體律動，這些高齡者除了以輪椅代步，大致都伴隨輕度以上的失智症狀。其中一位年約70歲、因中風後導致輕度失智的女性長輩，兩次用眼神要我聽她說話，兩次內容都一樣：

「以前別人要給我讀冊，我都不要，現在好後悔喔！
現在想學也來不及了啦！」

說完後眼眶泛紅，淚水立即奪眶而出。

我不知道這句話在她的心裡盤旋多久了？我不知道她還這麼在乎讀冊？但是我可以想像得到，年輕時候沒有學習機會，是她一生中非常遺憾的生命事件。所以，誰說學習有城鄉差別？誰說鄉村地區長輩不喜歡參加學習團體？我相信：學習是人類的天職，學習也是生而為人的權利！

高齡者的認知特質、生理與心理需求，以及高齡團體活動

設計理念等厚實的理論部分，一如車輛維修的「千斤頂」，再大的車輛的改裝、維修，都需要一個千斤頂，只要運用得宜，就如四兩撥千金；使用不當則寸步難行。因此，本書首先整理高齡團體活動設計引導的理論，以及活動設計的核心概念；接著是依照活動的核心概念，臚列各類適合機構高齡者的團體活動，方便各類不同機構照顧者、活動引導者使用。

目前針對認知功能退化的高齡者，鮮少有適當的功能性團體活動，究其原因主要是一般人對認知功能漸次退化的高齡者認識不多，總是以單純的「復健」服務回應高齡者。筆者認為，活動帶領者應該深入瞭解活動設計的基本原理，並有能力根據參與長輩的不同特質，適切地改變活動設計內容。建議機構督導者、活動設計教學者可以先閱讀理論部分，可以有效掌握本書活動設計的核心概念。

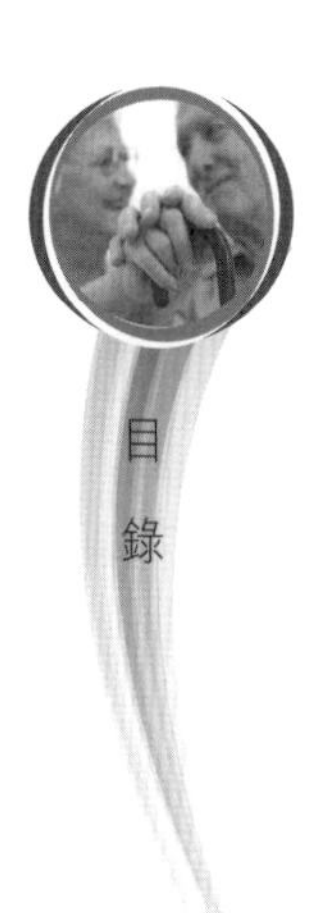

目　錄

Chapter 1

高齡者身心健康促進的多元思維

一、高度多樣化的高齡者團體

二、積極性的高齡者健康照護觀點

三、社會參與與高齡者成功老化

四、機構高齡團體活動的類型

五、高齡者團體活動的健康照顧功能

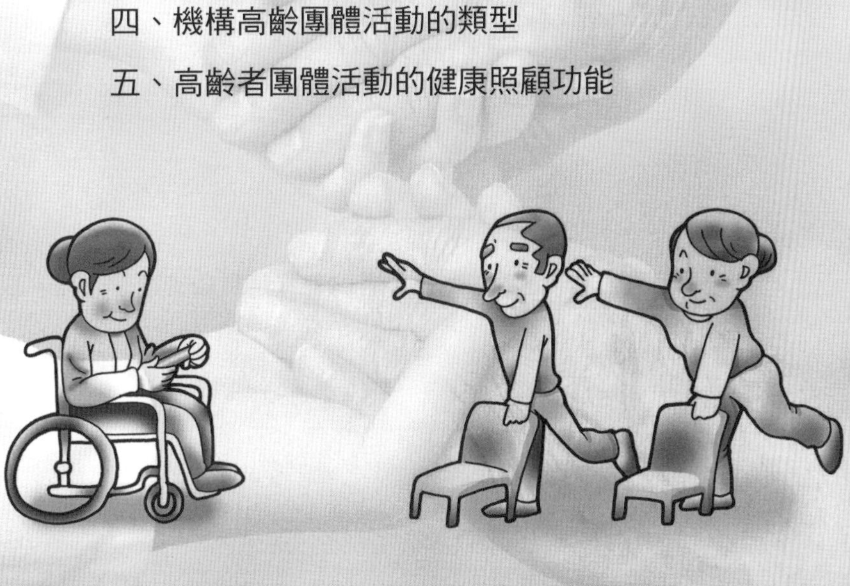

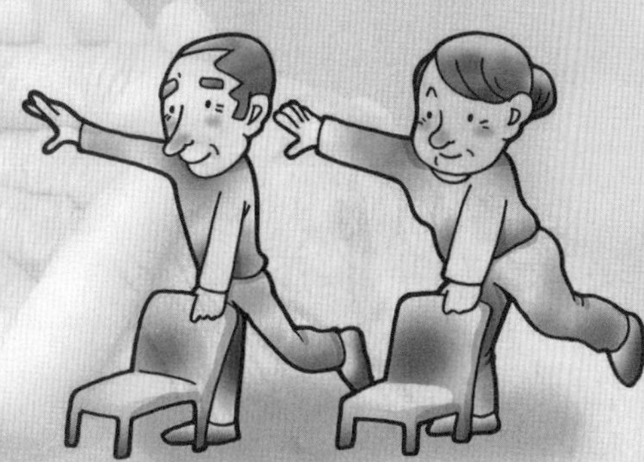

一、高度多樣化的高齡者團體

哪些人是老人？什麼樣的人稱為高齡者？高齡者是一個高度多元化的族群，目前以高齡者為服務對象的單位包括樂齡大學、樂齡學習中心、社區老人教室、日托中心、日照中心、養護中心和護理之家等，長輩們的認知功能漸次降低，形成一個連續的光譜，如**圖1-1**所示。其中從日托中心、日照中心、養護中心到護理之家，多數長輩們都因為漸漸無法主動從事健康促進活動，導致生理和心理功能急遽衰敗。

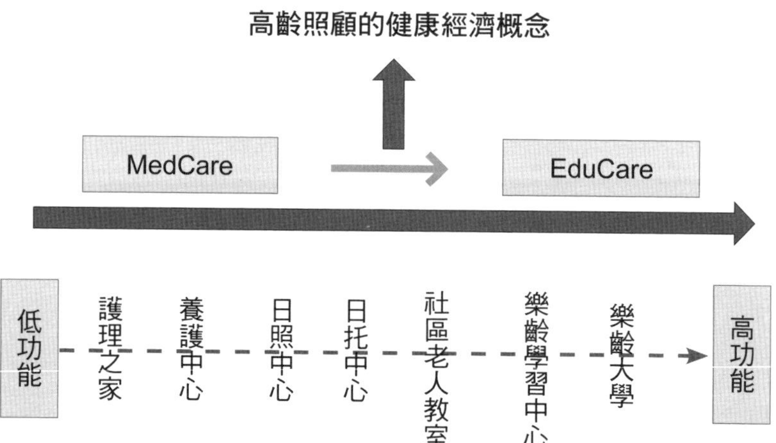

圖1-1　高齡者服務對象的連續光譜

內政部2014年9月初公布我國「第十次國民生命表」，全國（含金門、馬祖）國民零歲平均餘命，兩性為79.12歲、男性為75.96歲、女性為82.47歲，臺灣地區兩性為79.32歲、男性為75.97歲、女性為82.32歲，臺灣省（不含五個直轄市）兩性為78.79歲、男性為74.80歲、女性為82.00歲，五直轄市兩性為79.68歲、男性為76.76歲、女性為82.77歲。對目前65歲的男性而言，平均還能再活17.57年，女性則可再活20.83年，這代表人口結構趨於高齡及超齡化。其中，五直轄市零歲平均餘命已高於美國，顯示五直轄市的經濟、環境、衛生及醫療等外在各項因素的進步，是值得肯定的（內政部，2014）。

上述平均餘命的概念以及傳統上將年齡65歲以上者稱為老人或高齡者，都是一種「日曆年齡」（chronological age）的觀點。事實上，年齡是一種社會建構的結果，在社會逐漸轉型、各種環境條件快速轉變之際，各國的人口學研究者都開始從不同角度探討「年齡」的界定議題。普遍認為傳統的人口年齡測量——「日曆年齡」並沒考慮到人口結構或其他參數的變動，以及這些參數對人口結構的影響。應該重新審視年齡的定義，在國家人口政策上才不至於產生結構落後（structural lag）的情形。

例如，統計學者們從「形式人口學」（formal demography）的觀點，討論人類健康餘命的發展曲線，這些統計研究都是從「人口熵值」的角度切入。「熵」（entropy）

是一種熱力學的概念，任何系統在任何一個時刻的「熵值」取決於該系統的物力性質。例如，溫度就是重要的決定因素，熵值越小，就有越多的能量可以轉化為功。因此，在形式人口學上，「熵」可以詮釋為：生命表中「因死亡而失去的人口數」，或稱為「存活曲線」（林正祥，2014）。

1977年學者Keyfitz把「熵」的概念引進人口學，提出「人口熵值」的指標，用來測量X歲以上各年齡組死亡率一致降低若干比值後，X歲個體平均餘命的對應變化比例（陳寬政、吳郁婷、黃宜禎，2014）。林正祥（2014）也使用1952～2012年台灣生命表資料，探討出生與中老年時期熵值及1996年來惡性腫瘤熵值的變化趨勢。研究結果發現，中、老年人熵值的比率較高，其中，中年人的熵值特別高，這表示中年時期較少的系統能量可以轉為「功」，其中「功」代表個體可存活的生命年數。

林正祥的研究也顯示，惡性腫瘤熵值的影響以中年時期最為明顯，和個體出生時期差不多，顯示國民在「中年時期」的預防應重於一切。至於惡性腫瘤熵值對於老年期男性和女性平均健康餘命的影響分別為18.2%和11.0%，因此呼籲：延遲老化和癌症的預防是面對高齡人口快速增加的工作重點，其中男性高齡者的癌症防治必須受到更高的重視。該研究與2014年公布的「第十次國民生命表」的調查資料相符，第十次國民生命表資料指出，如果可以克服惡性腫瘤的影響，男性可以多活4.16

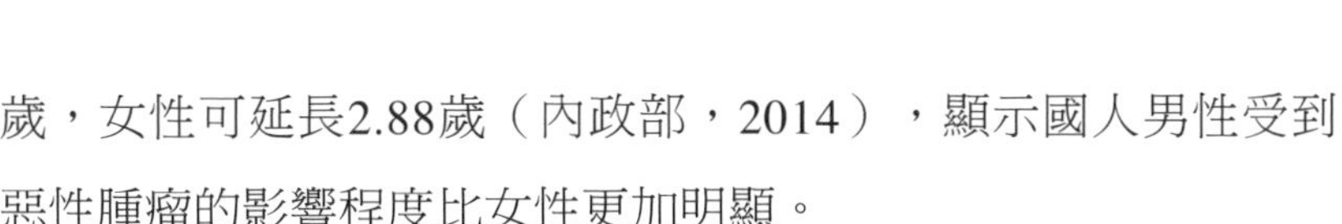

歲，女性可延長2.88歲（內政部，2014），顯示國人男性受到惡性腫瘤的影響程度比女性更加明顯。

 二、積極性的高齡者健康照護觀點

隨著台灣人口老化比例的快速攀升，健康照護體系的建置越來越趨複雜。各種研究資料都顯示，不僅高齡者（或老人）的界定正在改變，也提醒在高齡健康照顧政策上，除了針對失能者給予適當的健康照顧外，必須從預防醫學的角度，重視中年時期的預防保健工作。近十年來，醫療照護和公共衛生領域也提出「健康識能」（health literacy）的概念。將健康識能定義為：「對基本健康資訊及醫療服務的取得、理解、應用的能力」（郭耿南、蔡艷清，2014）。事實上，許多歐美國家已將健康識能訂為未來健康照護政策的主要指標之一，以促進民眾自我照顧健康行為、提升醫療服務的有效利用、減少醫療成本，並縮短健康不平等的困境。

健康識能不僅是個人需要具備對等教育程度應具有的閱讀能力和數字理解與運算，還包括一系列個人在健康照護體系中行動需具備的複雜特殊技能。健康識能的能力可區分為口語及文字類型的能力，涵蓋了對語言及數字概念的瞭解。因此童桓新（2014）認為，「健康識能」應該包括健康訊息的獲得、瞭

解、評估、溝通的能力，其中「年齡」是影響健康識能的重要因素。因此，國家衛生研究院從2006年起開始發展「中文健康識能評估表」（Mandarin Health Literacy Scale），期待能有助於健康醫療照護體系各單位提供民眾使用的健康醫療文件的適讀性，瞭解民眾對於健康醫療訊息的探索能力，進而提供適切的健康訊息，促進民眾自我照顧的健康行為（郭耿南、蔡艷清，2014）。

強調預防性、自我照顧健康行為的概念已逐漸為國人所接受，以目前全省各縣市營運中的日照中心為例，除了強調單元照顧的規劃設計，也把機構的創新經營重點設置在各種活動課程的規劃，以吸引社區高齡者參與。甚至將多樣化學習活動的提供作為中心的經營特色，以形塑日照中心對高齡者的積極性健康照護的價值。因此，目前各類老人照顧機構經營者和照顧者的培訓課程都越來越重視高齡者活動課程的規劃與設計，非常值得鼓勵。如果能夠呼籲更多專業者，組成研究和實作團隊，提供各鄉鎮市日照中心足夠、適當的功能性團體活動，可以有效地減緩高齡者認知功能的退化程度，減少家人的生理和心理負擔，減少社會照顧成本。

至於一般的長期照顧機構，除了例行的社區團體訪視、活動表演、節慶歡樂活動外，很少有機構定期帶領長輩進行功能性的團體活動。根據筆者的瞭解，有許多照顧機構負責人都非常用心，鼓勵機構照顧工作者多給予長輩肢體活動的機會，卻

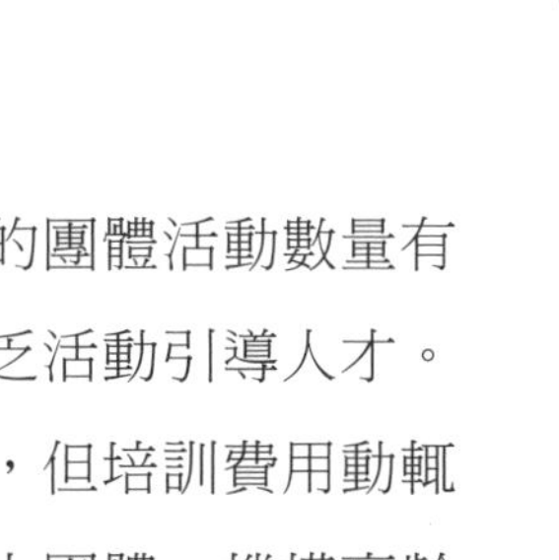

心有餘而力不足。一方面適合機構失能長輩的團體活動數量有限，一方面是機構內照顧人力有限，嚴重缺乏活動引導人才。目前坊間雖然有多種高齡活動帶領人才培訓，但培訓費用動輒上萬，培訓人才也多數挹注到健康活躍的老人團體，機構高齡者的活動引導人才仍付之闕如。

三、社會參與與高齡者成功老化

日照中心的小故事

柔屏奶奶到日照中心已將近一年，三個月前開始擔任志工，還可以支領主任發給她的薪水，不僅越來越喜歡到日照中心，認知功能的表現也越來越好。

高齡者的多元特質與日俱增，並持續影響不同學術領域高齡研究的模式與內涵，其中「社會參與」對高齡者生理和心理認知功能的影響，受到最高的重視。上述日照中心的小故事，日照中心給柔屏奶奶的薪水當然是柔屏奶奶的兒子支付的，卻根本地改變了柔屏奶奶的身心健康和認知表現，也提升一家人的生活品質。目前國內學者也根據本土國情，將成功老化的指標分為九個老——老有所養、老有所為、老有所用、老有所樂、老有所學、老有所顧、老有所護、老有所尊、老有所終（王國明，2014）。其中與高齡者的社會互動、人際關係、自我實現相關的「社會參與」指標占二分之一強，可見社會參與對高齡者生理和心理健康的影響程度。

此外，隨著人口的高齡化和少子化，中國大陸等高齡化人口快速成長的國家，也提出「人口紅利」（demographic dividend）的概念，說明高齡化人口快速成長的國家，其「人口紅利」正在逐漸消失。為此，各國紛紛努力探討如何運用低齡老人的經驗和智慧，一方面彌補勞動力不足的社會現象，更重要的是如何透過再就業，開啟高齡者的第二春，以增加高齡者社會參與的機會。因此，高齡者的成功老化不僅僅是高齡者自我實踐的模式，也是國家健康照顧政策的一環，其中，中年者的健康預防、低齡老人的專業人才智慧轉移、漸進式的退休模式、高齡民眾的健康識能、高齡友善健康照顧模式等，都是探討高齡問題研究與實務的重要議題。

所謂「人口紅利」，係指在一個時期內生育率迅速下降，少兒與老年撫養負擔均相對較輕，總人口中勞動適齡人口比重上升，從而在老年人口比例達到較高水平之前，形成一個勞動力資源相對比較豐富，對經濟發展十分有利的黃金時期（摘自MBA智庫百科）。

四、機構高齡團體活動的類型

目前一般照顧機構所舉辦的活動大致分為「個別式」和「團體式」兩種，個別式活動多數屬於復健治療，長輩在進行復健活動時，通常都是又愛又怕受傷害的心情，儘管知道復健對自己有好處，但因為總是一個人默默的進行，非常不開心、充滿排斥感。至於團體活動的規劃不僅可列入機構的創新經營項目，也能有效提高長輩的身心健康和生活品質。團體式的機構高齡活動大致可區分為「慰勞型」、「遊戲型」、「功能型」等三種類型，也可以視為三個不同的高齡團體活動的發展階段。

(一)慰勞型

早期各類宗教團體，都會定期到社區的高齡照顧機構進行活動表演、音樂演奏，或給長輩帶些零食、飲料，為長輩帶來歡樂的氣氛。香港電影《桃姐》所拍攝的愛心團體對養老院關心的場面雖然有些誇張，卻相當傳神。許多大專或中小學愛心社團、宗教團體或慈善團體經常把機構高齡者列為服務對象，都是屬於「慰勞型」的團體活動。這類慰勞型的團體活動目前為數仍然不少，長輩們通常都是觀賞、拍手回應，是一種標準的「被動式」團體活動。其中，越是偏遠鄉下的高齡照顧機

構，越受到這些愛心團體的青睞。

(二)遊戲型

目前已有越來越多的照顧機構會定期安排照顧者帶領活動，其中卡拉OK大PK、傳球、踢球等遊戲是最常見的。針對認知功能較高者的長輩，則有帶動唱活動、大風吹、接力賽等等，都屬於「遊戲型」團體活動。目前多數日照中心、少數的照顧機構內，由社工人員或照顧工作者自行帶領的活動多數屬於遊戲型活動。只要機構願意定期舉辦這類活動，都受到家屬的高度肯定。

(三)功能型

隨著社會教育水平的提升，社會大眾越來越能肯定「機構長輩也應該有學習機會」的概念，因此「功能型」的團體活動大量增加，並可細分為幾個類型，包括：(1)認知型，例如卡牌遊戲、文字配對遊戲等；(2)輔療型，例如芳香療法、音樂輔療等；(3)律動型，例如腦波律動、律動輔療（吳柔靚，2014；簡志龍，2013；Lee, 2008; Benefitof, 2014）。其中律動輔療、音樂輔療、芳香療法更是這兩年來的主流，相關研究也都證實可以有效協助長輩放鬆、提升睡眠品質等。本書所呈現的各單元活動即多數屬於「功能型」的高齡團體活動。

五、高齡者團體活動的健康照顧功能

個體的生理、心理以及社會情境所引發的情緒狀態，彼此交互作用並決定個體的認知能力和心理能量，已是不爭的事實。一旦高齡者的心理能量開始衰弱，容易導致失眠、憂鬱、譫妄等心理疾病，因而引發失智症狀、跌倒（葉克寧等，2012）。因此，高齡者的情緒和心理狀態的照顧與維護是高齡健康照顧的重要預防策略，必須受到高度的重視。

高齡者面對體能上的衰退、從職場退休、認知功能的退化等因素，在生活上承受極大的壓力，這種無形壓力轉為情緒的低落或緊張；低落的情緒伴隨著學習不利的事實，讓高齡者逐漸產生消極的自我意識感。筆者認為，高齡健康照護的首要任務是讓高齡學習者學會排除各種心理上和肢體上的壓力；其中肢體的放鬆練習、正向思維的練習、團體經驗的參與和體驗等，都是非常重要的情緒引導策略。

根據筆者的研究，高齡者參與團體對高齡者身心靈健康的影響包括：團體參與可以讓高齡者擁有歸屬感；團體成員之間的社會性互動、聯繫，可以讓高齡者有更多被關心的機會和感受；參與團體可以提供高齡者學習的機會，讓高齡者有更多和家人互動、對話的主題（Chin & Hung, 2014）。此外，對一般照顧機構的入住長輩們而言，以團體方式進行的功能性活動不

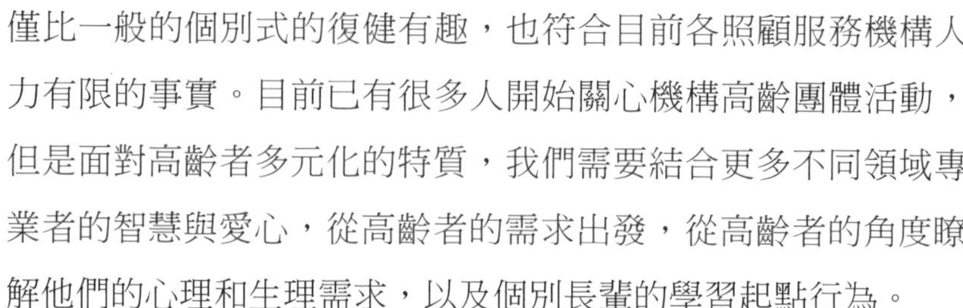

僅比一般的個別式的復健有趣，也符合目前各照顧服務機構人力有限的事實。目前已有很多人開始關心機構高齡團體活動，但是面對高齡者多元化的特質，我們需要結合更多不同領域專業者的智慧與愛心，從高齡者的需求出發，從高齡者的角度瞭解他們的心理和生理需求，以及個別長輩的學習起點行為。

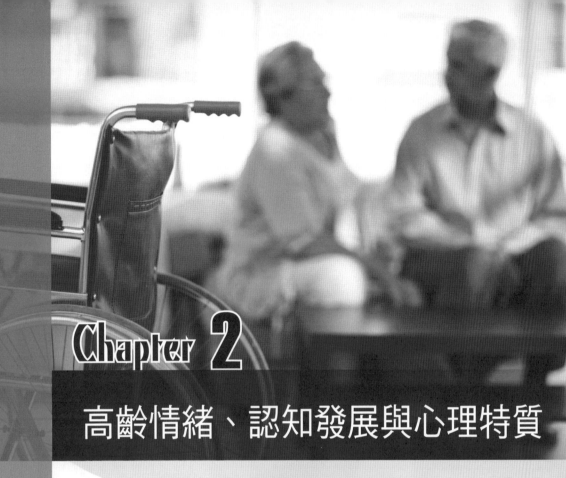

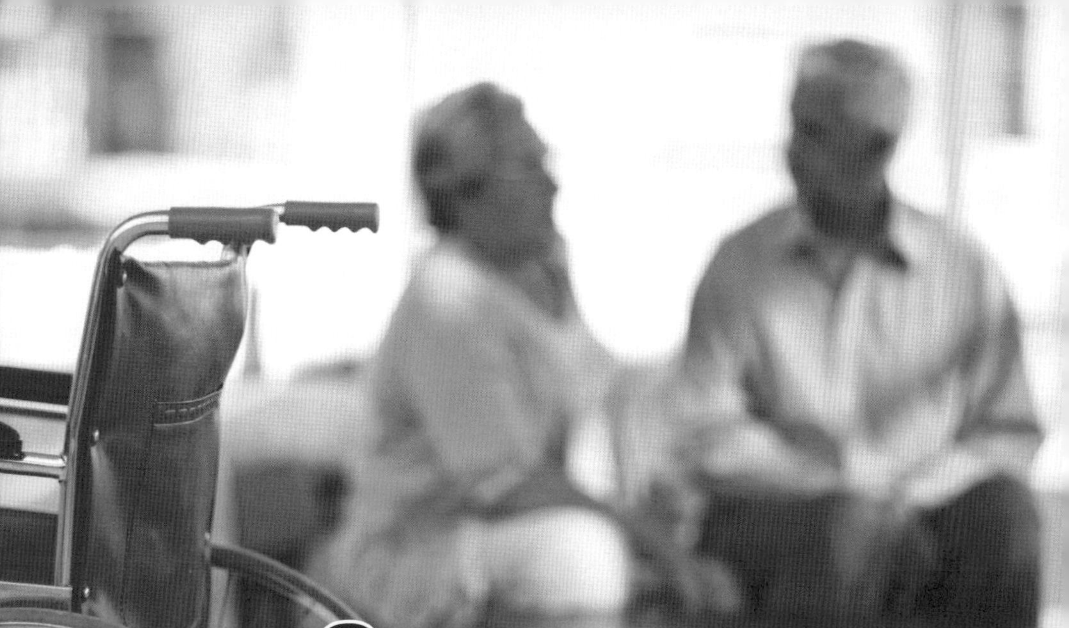

Chapter 2

高齡情緒、認知發展與心理特質

一、補償式認知鷹架與高齡學習

二、高齡者情緒調適能力與認知專注力

三、壓力反應機制與高齡身心健康

四、心理安適感與高齡者認知功能

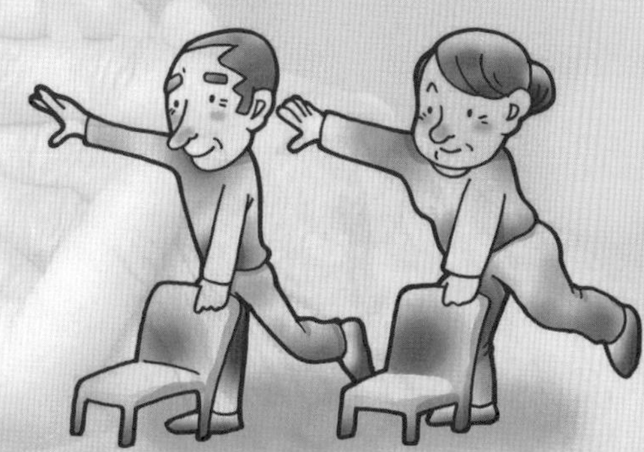

受益於大腦神經科學研究技術的發展，人類越來越相信身心合一、心腦合一的事實。個體的情緒覺察不僅影響認知功能，認知功能的表現也會造成情緒價量（valence）和強度（arousal）的改變。因此，情緒老化過程、肢體覺察和認知功能表現，都會影響高齡者的心理特質與生活幸福感。

一、補償式認知鷹架與高齡學習

大腦老化的過程是非常多元性的，一般而言，人體組織的老化和化學變化，大約從中年期的晚期開始，有些人則是70歲以後才開始。隨著大腦神經生理功能的退化，各種神經細胞都有可能減少或降低功能。例如，下視丘的神經細胞通常不會減少，但是黑質部分的神經細胞卻很容易損傷或減少。神經細胞減少比例最高的部分是負責情緒和長期記憶功能的邊緣系統中的「海馬迴」。根據研究，人體到了中年以後，神經生理功能的退化以「海馬迴」為主，海馬迴每十年大約損失5%的神經細胞；到了老年期以後，則以前額葉神經細胞相關功能的衰退最明顯（Forster et al., 2010; Reuter-Lorenz & Park, 2010）。

目前已有許多研究證實，大腦在老化過程中的生理特質包括：同時激活左右腦、大腦細胞特化不足、前額葉必須補足顳葉的記憶功能、神經網絡逐漸缺乏彈性，以及大腦前額葉

（prefrontal cortex）的中央控制功能和專注力不足等。然而高齡者的大腦會持續建構一種「補償式」的認知鷹架，其中，最著名的是Reuter-Lorenz和Park在2009年所提出來的「老化與認知的鷹架理論」（Scaffolding Theory of Aging and Cognition, STAC），如**圖2-1**所示（摘自秦秀蘭，2012）。

Reuter-Lorenz和Park兩人的「老化與認知的鷹架理論」模

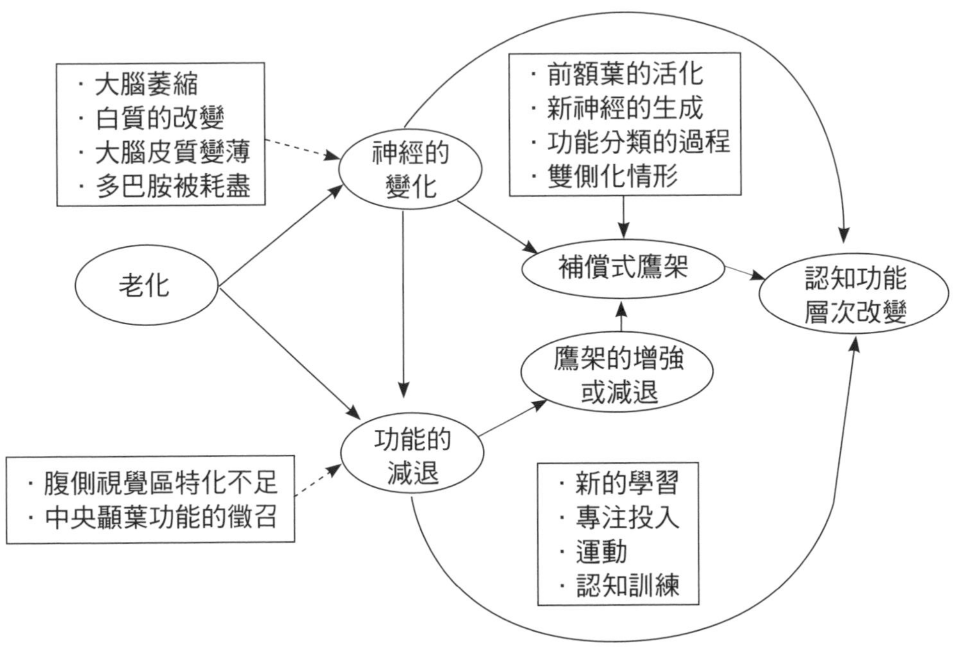

圖2-1　「老化與認知的鷹架理論」模式概念圖

資料來源：摘自秦秀蘭（2012：130）

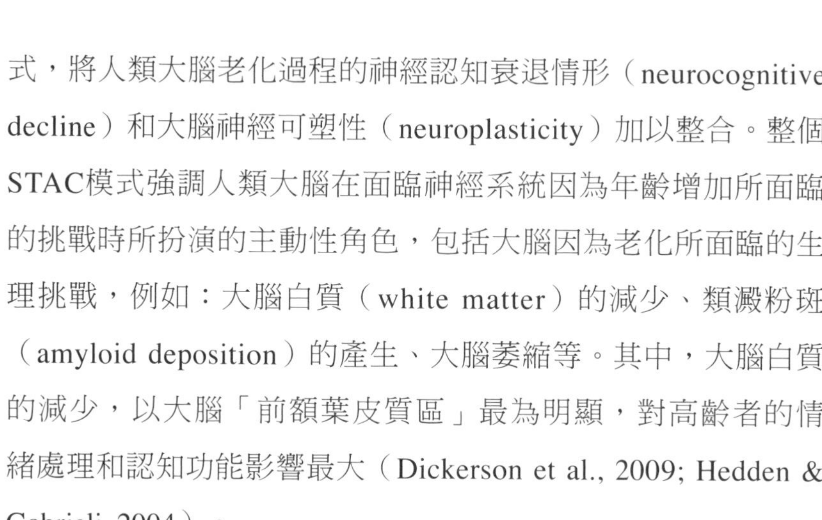

式，將人類大腦老化過程的神經認知衰退情形（neurocognitive decline）和大腦神經可塑性（neuroplasticity）加以整合。整個STAC模式強調人類大腦在面臨神經系統因為年齡增加所面臨的挑戰時所扮演的主動性角色，包括大腦因為老化所面臨的生理挑戰，例如：大腦白質（white matter）的減少、類澱粉斑（amyloid deposition）的產生、大腦萎縮等。其中，大腦白質的減少，以大腦「前額葉皮質區」最為明顯，對高齡者的情緒處理和認知功能影響最大（Dickerson et al., 2009; Hedden & Gabrieli, 2004）。

「補償式認知鷹架」主張個體的認知和經驗有相當高的相關性，例如：參與新的學習、提升心血管功能、全心投入心智性活動、認知訓練等，都可以協助大腦重新建立一個有效的、新的認知鷹架，以維持高水準的認知功能，同時彌補因為大腦結構和網絡系統功能逐漸下降所造成的認知功能不足。Reuter-Lorenz和Park強調，這種認知鷹架的形成是每一個人的大腦神經系統終其一生持續進行的更新作用。這個鷹架理論為高齡情緒調適能力的再學習提供了完整的支撐，也提醒我們——「新的學習」是否增強或減弱個體的認知鷹架，端視新的學習與個體原有認知補償鷹架是否取得平衡。

 二、高齡者情緒調適能力與認知專注力

根據研究，隨著年齡的增長，高齡者傾向針對積極、正向的刺激給予回應，稱為「正向效應」（positivity effect）。亦即高齡者在面對不同情緒刺激時，傾向接納或看到正面的情緒刺激；提取記憶訊息時，也傾向提取正向的情緒記憶，而不提取負向的情緒記憶。為了避免高齡者情緒調適「正向效應」對認知功能的負面影響，老化神經認知科學家建議針對高齡者對「負向情緒」的調適能力給予引導，並觀察受試者在大腦各皮質區的活化情形，以瞭解提升高齡者情緒調適能力的可能性與有效策略。例如針對負向情緒刺激的多重再評過程，包括：「向下的社會性比較」（downward social comparison）、「外在歸因」（external attribution）及「變通性的目的」（alternative goals）。結果證明，這些學習不僅有成效，且明顯地減少高齡者對負向情緒刺激的愧疚感，也改善高齡者的睡眠品質（秦秀蘭，2012）。

目前很多神經認知的研究都是從高齡者的「注意力」著眼（邱倚璿等，2014；Vos et al., 2013）。整合性觀點認為個體的情緒既是一種能力，也是一種歷程，因此情緒調適的能力是可以習得的，且有再學習的可能性。許多研究也從高齡者情緒調適能力「再學習」的觀點出發，試著透過各種社會性互動、社會性脈絡的提取，提升高齡者的情緒調適能力。Sze等

人（2012）針對年輕人和老年人對人臉的情緒判斷研究表示，只要能提供多元的社會脈絡或社會性線索，老年人也能和年輕人一樣擁有較佳的情緒性反應。邱倚璿等人（2014）針對注意力對高齡者人臉記憶的影響研究也表示，無效線索在中低負荷量時不會造成個體記憶的干擾，高負荷量刺激時，則會造成干擾。證明有效注意力可以提升年長者人臉圖片的記憶，只要能提供高齡者有效的線索，高齡者也能從事記憶負荷量較大的學習。

Vos等人（2013）以中重度智能障礙者為對象，直接觀察個案在面對不同情緒價量時，胸廓的開展幅度和呼吸頻率的差異，以瞭解情緒對個體生理行為的影響程度。結果發現受試者在面對正向情緒刺激時，心跳速度明顯變慢。反之，在面對負向情緒刺激時，胸廓的擺動較明顯，呼吸較快。Vos等人認為造成呼吸流動或頻率的差異，主要是因為這些智能障礙的參與者傾向把注意力放在負面情緒刺激上，此與目前高齡者情緒正向效應的研究不謀而合。這些研究除了證明透過情感性的行為評量，可以瞭解個體情緒的價量，也證實了個體「注意力」在情緒發展上的角色，以及情緒價量與認知專注力的關係。

三、壓力反應機制與高齡身心健康

神經生理學和醫護研究者經常透過大腦神經系統的觀察，肯定壓力對個體認知的積極影響，因為個體面對壓力時，會促使血液大量集中到大腦皮質，提升我們的視覺和聽覺能力，甚至可以提升免疫力，同時可以減緩高齡者認知老化的速度（Deborah, 2008）。然而壓力賀爾蒙例如皮質醇（cortisol）的大量湧現，卻會讓個體陷入憂鬱、缺乏生產力，長期大量的壓力賀爾蒙甚至會降低個體的免疫力。Carnegie Mellon大學心理學家Sheldon Cohen表示，「一旦壓力源持續開著，這個壓力回饋系統就會自動關閉。」因此，最佳的反應模式是找到壓力反應的最適當情境或槓桿點，這種高檔壓力（high gear）的選擇正是Esther Sternberg所說「壓力反應彩虹」（the stress response rainbow）的高峰點（Sincero, 2014）。「壓力反應彩虹」又稱「壓力反應曲線」，如**圖2-2**所示。

Deborah（2008）認為，如何才能成功地掌握個體壓力反應的最高點，必須在「接納」和「必要的控制」之間找到平衡點。「接納」讓我們成為行船的掌舵人；「必要的控制」則像是搭船的渡客們。例如，給自己設定要減肥40磅，不如每週設定減肥1～2磅，透過逐步設定壓力源，以及身旁親人的幫助，我們才能成為自己行船的掌舵者。根據「壓力反應曲線」，一般成年人對壓力反應的拿捏都是如此的困難，更何況是前額葉

壓力反應曲線
The Stress Response Curse (Rainbow)

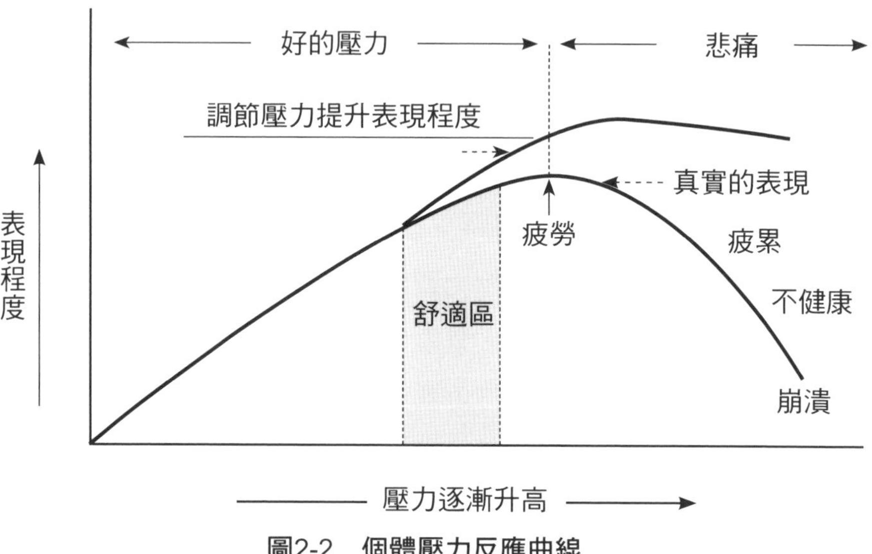

圖2-2　個體壓力反應曲線

資料來源：摘自Sincero (2014)

功能會隨著年歲逐年降低的高齡者。高齡者自我控制能力的降低會導致高齡者對壓力的反應捉襟見肘，為此，高齡情緒調適的議題更值得我們關心。

Esther Sternberg認為，為了善用壓力賀爾蒙的積極助力，我們要設法「欺騙我們的大腦，讓大腦知道我有足夠的操控能力」。一旦個體知道自己對壓力情境或壓力源擁有操控能力，個體就有足夠的能力在適當的時間按下「關閉鍵」，停止所有外界的噪音或壓力源。這種自主性地切斷壓力源來自個體的自主掌控能力，是一種積極、前瞻的情緒反應機制，而不只是逃避或苛責（Deborah, 2008）。

不僅個體的壓力反應有這種自我反饋機制，高齡者的前額葉皮質區的補償作用也有類似的情形。高齡者在學習過程中，為了彌補個體顳葉在工作記憶處理過程中的不足，高齡者的前額葉會有明顯的活化和補償機制。但是，一旦認知資訊的存取量大量增加，高齡者的前額葉皮質區的活化程度會立即出現活化不足的情形，此時代表個體的認知作用已經達到資源的極限（resource ceiling）（Emery et al., 2008; Cappell et al., 2010）。這些研究顯示，大腦前額葉皮質的補償作用是一種相互依賴、有限制性的協調資源。因此，面對高齡者的身心靈健康，應該多給予專注力訓練？或者給予放鬆引導？仍然像翹翹板的兩端，如何找到平衡點才是王道。

此外，筆者日前與「苗栗縣養生氣功協進會」的資深氣功指導教師梁鈞凱和顏博文先生，完成一個呼吸引導的研究，該研究係透過「胸腹腔增壓呼吸」功法，引導中高齡者學會「放鬆」，並分析不同年齡、性別中高齡者在情緒調適上的差異情形。

該研究將參與者分為四個年齡組，結果發現不同年齡參與者之間的差異不大，但是男女不同性別間的差異卻非常明顯。不同年齡組間，以51-60歲年齡組參與者（最年輕組別）的練習成效最為明顯，男、女性的對應腦波都是相當放鬆的腦波，顯示51-60歲組參與者普遍都可以融入學習，表示這些長輩的神經網絡彈性較佳。其他61-70歲、71-80歲和81-90歲組參與者之間則沒有顯著差異，其平均腦波會呈現「既不放鬆也不專注」的分散情形，顯示這些長輩的大腦普遍較缺乏彈性，同樣的訓練和引導已無法激發高齡參與者逐漸放鬆的腦波。

至於男性與女性參與者之間的差異更加明顯，同樣的呼吸引導，男、女性的腦波表現有顯著的差異。女性學員普遍能順著講師呼吸引導讓自己放鬆下來；男性參與者彼此間則顯示相當高的異質性，多位擔任幹部的男性以及幾位健康的81-90歲組年長高齡者，雖然都能專注在自己的吸呼練習上，表現相當高的學習專注力，卻無法跟隨講師的引導，讓自己放鬆下來。這個研究證明男性中高齡者普遍給自己較大的壓力，也顯示中高齡男性的壓力調適能力需要更多的引導。

這個研究結果除了呼籲國人從「健康經濟」的照護理念著眼，將各類樂齡教育的年齡提早為50歲，提早給予年輕高齡者各種老化與自我照護的相關知識，以減緩高齡者認知功能的退化。同時也呼應了最近人口學研究學者從「人口熵值」的呼籲：我國中年人的熵值特別高，國人男性受到惡性腫瘤的影響程度比女性更加明顯，因此男性高齡者的癌症防治必須受到更高度的重視（內政部，2014；林正祥，2014）。

 四、心理安適感與高齡者認知功能

最近十年來，全球許多心靈導師都提出「身體智能」（The Body Intelligence）的概念，強調透過有意識的練習，個體可以擁有更加創意、自在、豐富、有深度的身體覺察。這些心靈導師強調，透過個體神經系統的深度溝通體系，可以強化肌肉系統，甚至把這些能量散發到身體的每一吋肌膚。目前，也有非常多的團體都在鼓勵民眾掌控或提升自己的身體智能；其中，「我們對待自己身體的態度」是開展身體智能的關鍵（Stewart, 2009; Stirling, 2010; The Body Intelligence Summit, 2014）。「身體智能」呼籲我們從頭到腳的全心投入，是一種「身心合一」或「心腦合一」的概念。身體智能越高的人，越能夠掌控自己的身體、越健康、越有挫折容忍度，當然也越能夠啟發身邊的親人和朋友。

「身心合一」或「心腦合一」的概念不僅逐漸被接受，更成為目前科技研究的主流。北京豪峰數碼娛樂科技有限公司總裁Brett Skogen曾表示，人們普遍認為，心臟是循環系統的動力和樞紐，而思考和情感的功能歸於大腦。然而，隨著科學研究的深入，科學家可以從不同方面重新審視心腦關係，以及心臟對身心健康的影響。心臟與大腦之間的溝通系統比所有其他人體器官與大腦間的溝通系統都要細密，心臟每跳動一下，不僅輸出血液，也把複雜的神經、激素、壓力、電磁信息傳輸到大

腦和全身。它是連接身體、頭腦、情感、精神的節點，是身心這個複雜網絡的入口。人體心臟的律動並非僅僅單一的供血功能，也影響自主神經系統的狀態。實事上，從心臟的律動中提取的心率變異性（Heart Rate Variability, HRV）已被用來評估情緒對自主神經系統的影響，也是顯示身體自主神經系統平衡狀況的重要動態窗口（滕興才，2007）。

情緒可視為個體應付外在危難的一組反應機制，是一種單純的、反射性的、本能的機制。因此，個體情緒狀態可視為一種能量，一種足以因應外在環境變化、持續變動並保持平衡的能量流（Stirling, 2010）。這種能量和個體的自主神經系統息息相關，只有在個體擁有自我控制感時，這種能量流動才能順暢。個體一旦缺乏自我操控感，就會產生不安全感，危及個體心智的認知功能，這種情形在認知功能逐漸退化的高齡者以及失智症者身上格外明顯。

Bender和Wainwright在1998年曾經從訊息處理論的觀點說明認知功能退化或失智症者的情緒特質，說明認知功能退化或失智症是一種「訊息處理障礙」（information processing disability）。他們把心智系統分為「安全系統」（the safety system）和「意義化系統」（the meaning system）。其中心智「安全系統」是一種非口語訊息、訊息無須評估、訊息不被覺察、個體以特有方式回應各種危機、快速且直接的反應；心智「意義化系統」則多數屬於口語訊息、需要較長時間的評估和

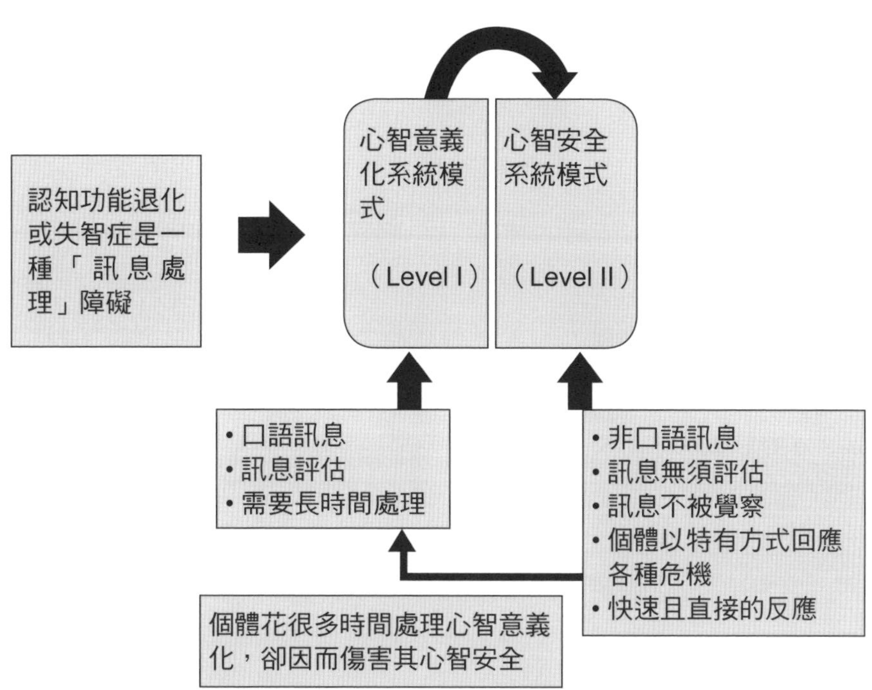

圖2-3　個體心智安全系統對心智意義化系統的挹注機制

資料來源：Stirling (2010)

處理，如**圖2-3**所示（摘自Stirling, 2010）。

由於認知功能逐漸退化的長輩和失智症患者通常都有語文表達和意義化的障礙，因此個體必須啟動安全系統的能量來協助心智意義化系統。個體必須耗費安全系統的能量，以彌補個體因為語言表達能力不足所造成的自我貶抑情形，此時，個體的安全感岌岌可危。

高齡者在面對新事物的學習時，如何在心智成長和心理安適感之間取得平衡，是高齡者面對外在刺激的重要策略。Stirling（2010）也從高齡者諮商與輔導的角度來協助失智症或智能衰退中的長輩，提醒諮商輔導人員：「個案的一些怪異行為，可能是他面對情緒刺激，正在思索、找尋如何將該刺激加以意義化的過程。如果這種過程無法順利完成，個體便會啟動安全系統的能量來完成它。」因此，失智症者的情緒表達是一種社會性互動的結果，是一種溝通的結果，其中，個體心智「安全系統」的維護是首要任務。

Stirling的觀察研究提醒我們，面對認知功能逐漸退化的長輩們，「被接納」、「擁有安全感」是避免長輩認知功能退化的不二法門。舉例而言，長輩對於自己越來越健忘的情形，常常會有一種羞愧感，所以當因遺忘物品耽誤行程時，經常會自我解嘲的說：「啊！我真是老了。」這也是一種情緒的補償機制，避免讓自己過於窘迫，當然也是對自己老化的傷感，對自己越來越缺乏掌控能力。然而，長期如此，高齡者的心智安全系統會因為對心智意義化系統的過度補位，受到傷害，最終可能降低個體對外界訊息或危機的反應能力。

在個體老化過程中，神經認知功能的退化是不爭的事實，也是無法逆轉的機制；然而，只要個體的心智安全系統完整且健全，就容易擁有正向感受，同時避免認知功能的退化程度。個體一旦缺乏自我操控感，就會產生不安全感，甚至危及個體心智的認知功能，這些事實都在提醒我們：面對認知功能正逐漸退化的高齡者，如何給予「安全感」是高齡者情緒引導的最高指導原則。

例如劉韋欣等人（2014）針對高齡者智慧藥盒的研究設計表示，有使用電腦習慣的高齡者對新科技產品的接受度較高；但整體而言，高齡者對新科技的主動學習性較低，對創新產品的棄用率高，縱使他們認為新科技確實對生活十分重要，卻依舊對科技認知保有距離感。正是因為高齡者擔心科技學習會造成過大的認知負荷，也是對個人心智安全系統的維護策略。面對新的學習，如果長輩擔心自己無法掌握新的學習，必須動用前額葉活化的補償鷹架，甚至擔心過度補位造成挫折感，就會自然而然地拒絕新的學習。

筆者綜合相關的研究發現，影響高齡者情緒調適的三個重要因素包括：「大腦前額葉的認知功能」、「心智安全系統」和「個體的自我掌控感」，三者間相互影響，彼此互動，共同決定個體情緒老化的特質。例如：適度的認知訓練可激發個體壓力賀爾蒙，加速大腦心智功能，轉而產生良好的自我控制感，情緒的安適感油然而生。然而，一旦認知訓練超過個體自我掌控的範疇，個體會立即啟動安全系統的能量來協助心智意義化系統，如果安全系統的補位無法竟其功，心智安全系統便會快速瓦解，或者完全關閉補位機制。因此，在進行高齡情緒引導策略或教學設計時，必須同時兼顧三者的完整性，以及相

互補位時的有限性。

期待有更多研究者能夠從高齡服務的實務場域，瞭解高齡者情緒調適對認知功能的影響，共同努力提升高齡者的自主性和生活幸福感。特別是因各種因素進入照顧機構的入住高齡者，個體的情緒能量不僅受到生理障礙的限制，機構照顧人力的缺乏、機構內單調的生活模式等等，都可能阻礙高齡者情緒能量的流動，需要更長時間的關注與介入。

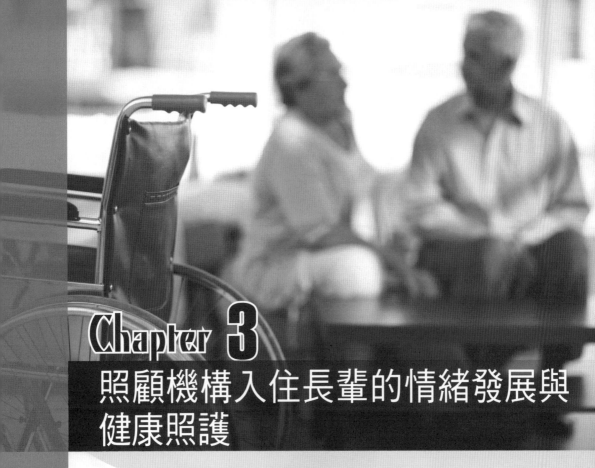

Chapter 3
照顧機構入住長輩的情緒發展與健康照護

一、機構入住長輩對照顧者的依附關係

二、機構入住長輩與照顧者的心理互動關係

三、外籍工作者對長輩情緒發展的重要影響

四、體驗學習與高齡者的情緒調適

五、高齡團體活動是健康與身心互動模式的一環

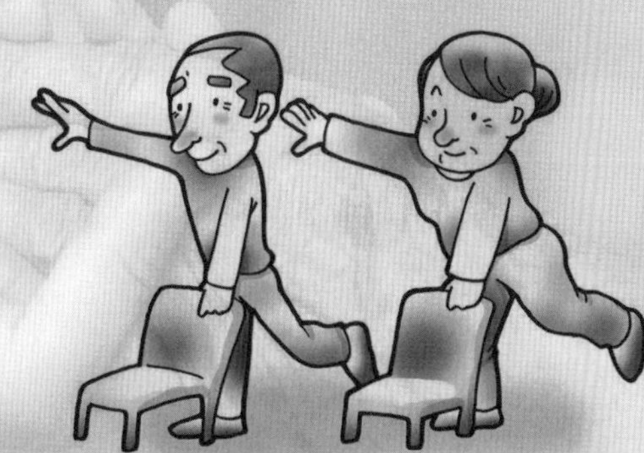

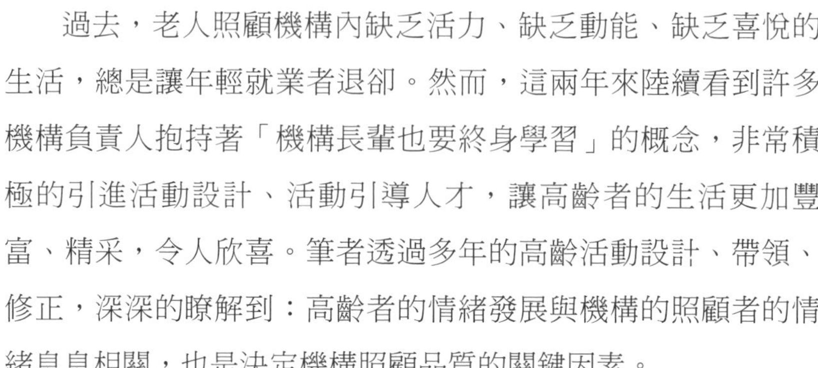

過去，老人照顧機構內缺乏活力、缺乏動能、缺乏喜悅的生活，總是讓年輕就業者退卻。然而，這兩年來陸續看到許多機構負責人抱持著「機構長輩也要終身學習」的概念，非常積極的引進活動設計、活動引導人才，讓高齡者的生活更加豐富、精采，令人欣喜。筆者透過多年的高齡活動設計、帶領、修正，深深的瞭解到：高齡者的情緒發展與機構的照顧者的情緒息息相關，也是決定機構照顧品質的關鍵因素。

一、機構入住長輩對照顧者的依附關係

機構內的主任、主要照顧人員幾乎是機構入住長輩的「重要他人」，機構入住者因為在心理和生理上嚴重倚賴這些照顧工作者，會自然產生深度的「依附行為」（attachment behavior）。根據Bowlby的依附理論觀點，所謂依附行為是指個體為了避免威脅，會自動尋求可以保護他們的「依附對象」。個體的依附行為通常是在個體處於不良的健康或失落的狀況下發生，因此依附行為也常發生在老化過程中。個體在老年時期的依附行為不再朝向比他們更老的世代或同一世代的人，而是轉而朝向比他們更年輕的一代（Bowlby, 1969; Consedine & Magai, 2003; Cookman, 2004）。Bates、Smith和Ataudinger因此在1991年提出「以依附為基礎的心理介入模式」，他們主張，奠基在依附關係上所發展出來心理輔導或照

顧是可行的，而且可以有效的促進高齡期的身心健康（Trusty, Ng, & Watts, 2005）。

針對高齡者的依附行為，醫護人員和照顧工作者如果能夠熟悉且善加運用，將可以幫助高齡者在老化轉變過程中，完成個體發展任務。特別是對一些失去健康的長者，可以有更好的適應和幫助。例如，研究者在機構裡引導和示範活動時發現，即使經過一個多月的相處，多數長輩們仍然採取觀望的、敷衍的態度，但是由機構主要照顧者分組引導時，長輩的肢體動作變得靈活、充滿活力。一旦機構主任出現時，長輩會做得更加用心。例如，有一位將近九十歲的老奶奶，在主任的數數、堅定聲音的引導下，雙足整整敲打一百下，真是不可思議。

儘管在照顧機構中，照顧工作者經常被視為「勞力的付出者」，機構內照顧工作者的角色多數被認為是一種下層的服務工作者。但是很明顯的，機構入住者對照顧者已經產生信賴和依賴，照顧者成為決定機構入住者生活品質的關鍵人員，兩者之間的情感形成「權威者」和「弱勢者」的關係。目前有許多照顧機構都在研究照顧人力的短缺、人力資源管控等（陳曼華等，2006；江孟冠；2002），事實上，面對身體心理機能都處於弱勢的機構入住者而言，照顧工作者擁有一種看不見的「威權」，因為照顧工作者的每一個情緒和行動都會影響入住者的身心健康，每一個決策都關係到入住者的生活愉悅感和生活品質（Terry, 2008）。

因此對目前機構內主要的外籍照顧工作者，不應該採取忽視或避重就輕的態度，應該正視這個問題，同時為他們培力，讓他們認識到自己的情緒對機構入住長輩者的影響，瞭解機構照顧工作的特殊性和重要性，進而激發他們的自我成就感。

二、機構入住長輩與照顧者的心理互動關係

根據筆者的研究，機構高齡者團體活動不僅可以提升長輩的情緒價量，也同時提升照顧工作者的情緒價量。照顧服務者或護理人員和高齡者之間的心理互動或心理動力模式（Psychodynamic Approach）目前正逐漸受到重視。高齡者的情緒會受到照護者情緒的影響，高齡者的生理、心理反應也同樣影響照顧者的工作情緒，兩者彼此相互影響而不自覺（Terry, 2008）。

筆者於民國102～103年在三個照顧機構實際進行高齡活動示範和引導發現，照顧者和入住長輩在一天三個時段的情緒價量都明顯不同，研究開始前，照顧者下午時段的快樂程度明顯高於上午和晚上。機構入住者則是在上午時段最快樂。但是經過14週的活動引導，機構入住長輩在中午時段的情緒價量明顯提高，也同時帶動照顧者，讓照顧者上午和下午時間的情緒價量一併提升許多，顯示機構入住者和照顧者的情緒彼此交互影

響。所以，筆者鼓勵各機構要持續規劃每週1～2次的高齡團體活動，不僅提升高齡者的生活品質，也會改善照顧者的情緒，對整體機構的經營、照顧工作者的留任都有非常正面且積極的影響。

三、外籍工作者對長輩情緒發展的重要影響

國內老人照顧機構以中小型為主，由於社會工作者等專業人力配置比例偏低，目前一般老人照顧機構照顧主力多數是外籍照顧工作者，因此外籍照顧服務員的專業知能、各類體能活動或節慶活動的設計與帶領能力，對機構入住者的身心健康影響不容忽視。

根據筆者102年度的專題研究紀錄，中小型的老人照顧機構內，台籍照顧工作者通常年紀較長、較為內斂。在日常性的活動設計和帶領能力時，容易產生挫折感；雖然語言表達沒有問題，但是所帶領的活動多數都是沿襲過去的遊戲或比賽類活動，較少創作力；帶領活動時比較呆板無法掌握氣氛，只是讓活動快快結束完成任務。至於目前數量較多的菲律賓籍照服員，雖然有某些語言溝通上的障礙，但是因為年紀較輕，喜歡熱鬧，在活動帶領中容易激起機構入住者的參與動機；活動設計上較有創造力，甚至將異國文化帶入活動中。

根據機構負責人的經驗和陳述，每週只要安排一次以上的團體活動，就可以明顯降低機構入住者的負向情緒或抱怨（秦秀蘭，2014）。目前機構內外籍照顧工作者，幾乎占各機構照顧人力的八成以上，隨著法令的更迭，這些外籍照顧工作者在台灣的工作時間最多可長達十二年，她們的照顧知能與身心健康都非常值得我們重視。

四、體驗學習與高齡者的情緒調適

情緒、動機和社會認知三者都在協助個體解決問題，面對生活的挑戰。情緒不僅僅是個體面對機會、危險或壓力的警示燈，協調個體相關目標的達成，也同時提供個體完成任務的能量。個體的情緒、動機和行動三者之間是一種動態的連結，且深深的鑲嵌在認知系統內。

情緒、動機和行動三者之間的連結是人類進化的結果，每一種特殊的情緒、目標和行動都是為了解決某種問題，是經過歷史演化的適應結果。因此，從「社會腦」開展出來的「肢體展現觀點」（embodied view），絕對不僅僅是一種理性的能力，同時也是一種展現熱情的能力（Kaschak et al., 2009）。經驗學習是直接的、身體的、情緒性的學習，透過行動經驗可以感受到一種舒適的回力（reaction）（Siegesmund, 2004）。

目前「體現或身體的學習」（embodied or somatic learning）和「心靈或敘事的學習」（spiritual or narrative learning）都是高齡者學習的新取向。個體是心智、身體、心靈三者的整合體，「身體」則是我們知識的來源，把體現或身體學習和成人學習加以連結，才可以讓我們的生活更有意義、充滿生機（Merriam et al., 2007）。

體現的學習是整合個人身體學習和心智學習狀態，展現能量、成就的歷程。我們的學習很少只用大腦或心智來學習，幾乎每一種技巧的學習都需要我們肢體和身體細胞的介入。例如，我們走路時，必須同時啟動大腦和肢體動作，才能覺察到走路的感覺。因此，Cheville（2005）的研究認為，只有透過「身歷其境」參與其中，展演者才能有反身性（reflexive）的意識感，身體各種動作的和諧運作就是為了展現集體心智，是一種政治協調的過程。根據筆者的觀察和經驗，由於神經生理發展與情緒老化的特質，身歷其境、透過社會性參與和肢體的投入的「體驗學習」，幾乎是高齡者學習和活動參與的唯一的、最佳的途徑。

五、高齡團體活動是健康與身心互動模式的一環

根據新版的ICD-ICF分類架構，把「障礙」的產生放在健康狀態下討論，主張身心障礙的內涵至少包括四個單元：(1)身體系統功能與結構；(2)活動：主張每個身體系統都有不同活動機能；(3)參與：主張所有身體系統都有參與活動的功能；(4)外在環境因素：即影響身體系統參與活動功能的環境因素和個人因素（黃惠璣，2009）。ICD-ICF的健康與身心互動模式如**圖3-1**。

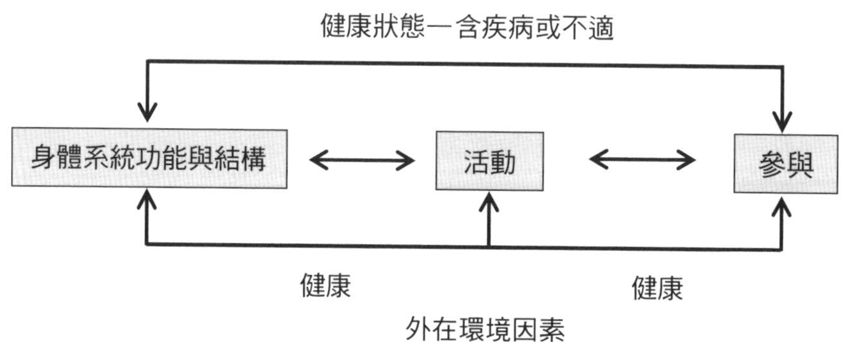

圖3-1　ICD-ICF健康與身心互動模式

資料來源：摘自黃惠璣（2009：6）

根據ICD-ICF健康與身心互動模式的概念，個體的健康不僅受到個人和環境因素的影響，也必須讓肢體的每一部分真正參與活動，才能維護它應有的功能。因此，即使是長期臥床、身心障礙、行動不便的機構入住者，都有權利透過活動的參與，都需要照顧人員給予全部的關注和引導（Kostanjsek et al., 2011）。筆者持續關注的正是機構內行動不便、需要更多協助的長輩，無論是照顧者真誠的照顧和活動引導、愉悅的團體互動氛圍，都會影響他們的身心健康。因此，透過團體進行律動輔療類活動，可以有效提升高齡者身心健康。

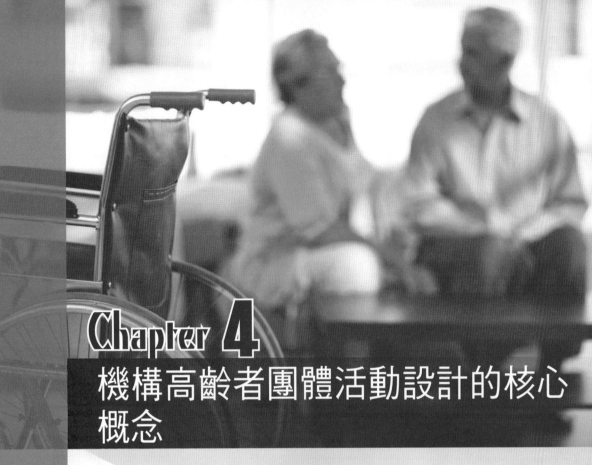

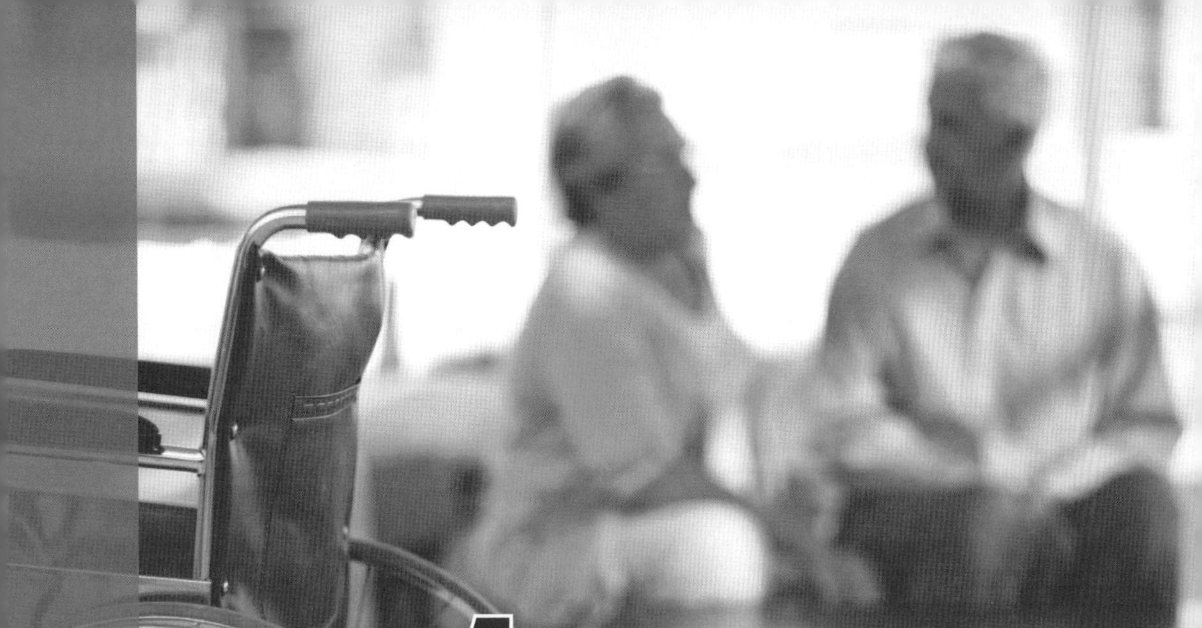

Chapter 4 機構高齡者團體活動設計的核心概念

一、律動、團體律動

二、「生物共振波」與個體的身心健康

三、律動與高齡者健康促進

四、生物共振波的產生

五、音樂輔療、律動輔療

六、能量醫學

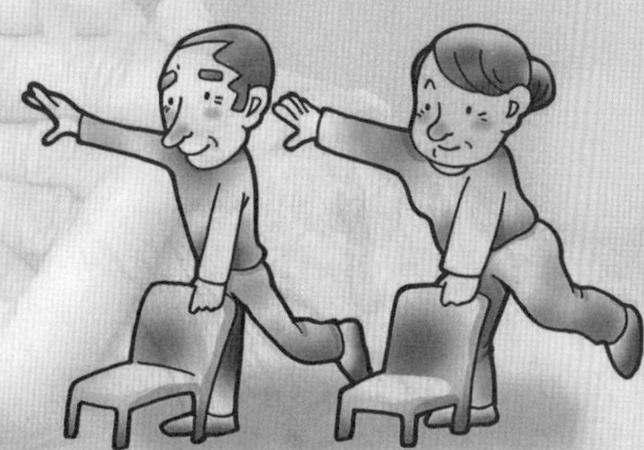

高齡者各類照顧工作者不僅是入住長輩的主要生活照顧者，也是帶動並協助高齡者肢體復健的關鍵角色。照顧工作者的專業知能和態度，不僅對長輩的身心健康有決定性的影響，彼此間還有情緒上的交互作用。一旦高齡者因為參與活動提升情緒價量，也會因而激發照顧工作者愉悅的情緒，筆者因此呼籲重視機構照顧人員在高齡者健康促進的照護上扮演重要的角色。目前機構照顧人員仍以外籍工作者為主，因此，本書在活動設計部分以圖片為主，文字說明為輔，希望藉此鼓勵照顧工作者積極投入高齡者的活動帶領工作，改善機構的氣氛和服務品質。

本書的活動設計奠基在團體律動和能量醫學上，以「律動、能量、團體動力」為活動主軸，主要在透過和諧共振的團體肢體律動，一方面激發高齡者體內的生物共振波，提高細胞的含氧量降低高齡者在老化過程中各種神經生理功能的退化情形；一方面透過團體活動的參與，激發長輩正向的情緒價量，提高長輩的生活品質。

一、律動、團體律動

對人體而言，律動可能只是身體自然的擺動，通常稱為「Rhythm」或「Vibration」，例如幼兒律動、音樂律動、律動

教學等。然而，律動可以是自然界所有生命體的能量轉移形式，也是自然界中萬事萬物的發生頻率。例如風的旋律、樹葉或枝條的擺動等，都是一種生命的律動。律動也經常用在工藝或美術設計上，稱為「Grooving」，例如在美術造形上以線、形、色做規律的相間、交替或重複出現的方式，來營造美的視覺感受。因此任何事物，凡是規則、不規則的反覆排列，或是有週期性、漸進性的變化現象，甚至是連續的變化，都可稱為律動，或稱為節奏、韻律。

律動可以是人類身體的自然特質，體內和諧共振的波動是健康的基礎，已是不爭的事實。名牌跑鞋Nike Free的廣告即充分展現了「和諧共振」對人體健康的影響力。Nike公司的宣傳表示：2014年新款的Nike Sock Racer、Nike Air Rift、Nike Air Presto等鞋款，都有一個創新的元素，這個創新元素的核心概念來自人體本身的「自然律動」（natural motion），並將這種元素稱為「Nike Free」。Nike Free系列的設計者認為：「自然律動是人類與生俱來的運動方式，如果得以充分發揮，人類就有潛力挑戰運動機能的極限」。Nike Free系列的概念所追求的就是：「以鞋面與鞋底的和諧共振，讓運動員發揮出更好的效率」（Nike Free, 2014）。

二、「生物共振波」與個體的身心健康

一般所稱「共振」（Sympathetic Vibration，或稱Resonance）在物理學的術語稱為「和應振動」（王唯工，2009、2010）。共振現象能使能量加大或加速能量轉變形式，而能量又是人體生長、活動、維持體溫及各種生理運作所需。因此已有多位醫師與各種保健協會推動「生物共振波」的概念。我們身體各部分所放射出的生物波，其波長頻率不是相同就是重疊，當人體生物波產生共振，可以引起多種生理機能效應。首先是能量加大或加速轉形，激發組織細胞分子，帶動體溫上升，產生「熱效應現象」，進而促進血液循環與新陳代謝。因為人體所含有水分，占身體容量的百分七十，透過熱效應，可以活化人體細胞。水在人體內也會因體溫的微升，使大分子的水變成小分子的水，因而更容易滲透至各組織細胞之間，使細胞的活動更活潑。成人全部血管的總長度大約九萬公里，在血管內的血液，約有體重的三分之一。除了靠心臟本身的推動力之外，透過血管的收縮張力和共振效應才能讓血液在非常短的時間內跑遍全身。

至於「生物共振波」更重要的功能是「激活神經功能」，因為人體神經系統的末梢神經分布在全身表皮與各器官組織，一旦生物波共振能量加大，就會激活末梢神經，增進神經功能。使各組織細胞活動更加靈活，進而減少肩、腰、背、四肢

的疼痛，神經衰弱或失眠情形（王唯工，2009、2010、2013；Lee, 2008）。其中，台大物理學系王唯工教授長年專研生物能量、脈診等相關研究，2009年出版的《氣的樂章》受到國際中西醫學高度的重視。其後陸續出版的《水的漫舞》、《氣血的旋律》和《以脈為師》，對於機構入住長輩身體機能的激活，有非常大的鼓舞和教學指導功能。

王唯工教授以壓力和共振理論（稱為Resonance）來類比血液在人體中的運作，認為「人體的生理運作就像一篇樂章，而『氣』就是其中的旋律」。認為「共振理論」是血液循環最合理的解釋。主張血液是生命之泉源，心臟又為血液之幫浦，「氣」就是血管及血液中傳送的聲波，「共振」則是氣的源頭。並藉由自來水廠以及靜壓輸水原理解釋血管及心肺的運作模式，揭開氣血共振的奧祕（王唯工，2010、2013）。簡而言之，人體內能量的傳送主要是經由心臟血壓波與其他器官之間的「諧波共振」來達成。

目前「生物共振波」已廣泛的應用在健康理療、身體保健、養生功法等，甚至運用在床鋪和座椅的設計上。研究或設計者都認為，個體自我「生物共振波」的激發可以透過多種方法，包括雙手觸摸、按摩、拍打其他身體各部位、肢體顫動等，一旦振動頻率與心跳同步，都能達成生物波共振的效果。

此外，國際腦教育協會（IBREA）創始人李承憲博士，

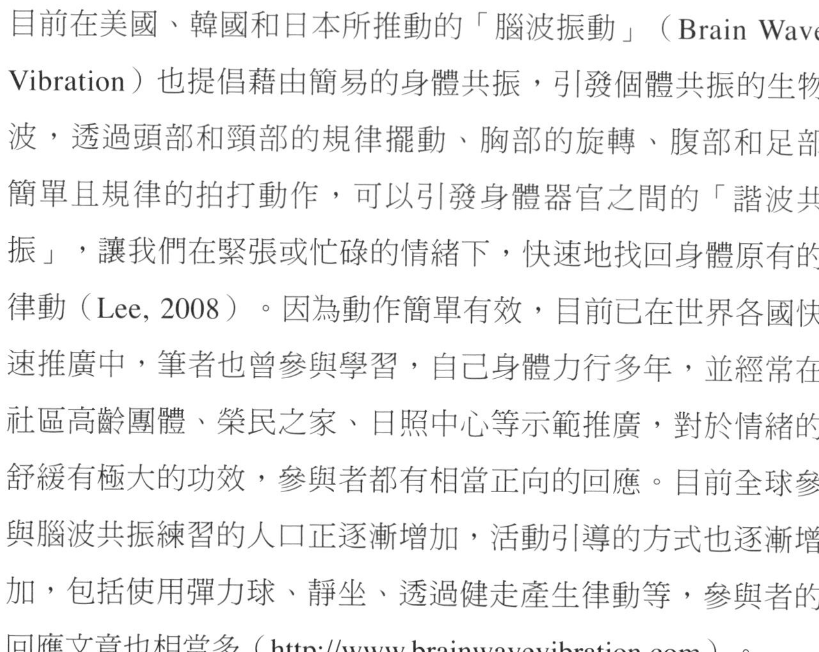

目前在美國、韓國和日本所推動的「腦波振動」（Brain Wave Vibration）也提倡藉由簡易的身體共振，引發個體共振的生物波，透過頭部和頸部的規律擺動、胸部的旋轉、腹部和足部簡單且規律的拍打動作，可以引發身體器官之間的「諧波共振」，讓我們在緊張或忙碌的情緒下，快速地找回身體原有的律動（Lee, 2008）。因為動作簡單有效，目前已在世界各國快速推廣中，筆者也曾參與學習，自己身體力行多年，並經常在社區高齡團體、榮民之家、日照中心等示範推廣，對於情緒的舒緩有極大的功效，參與者都有相當正向的回應。目前全球參與腦波共振練習的人口正逐漸增加，活動引導的方式也逐漸增加，包括使用彈力球、靜坐、透過健走產生律動等，參與者的回應文章也相當多（http://www.brainwavevibration.com）。

三、律動與高齡者健康促進

依據「老人福利服務專業人員資格及訓練辦法」第12條（內政部，2013）的規定，照顧機構工作者必須持續接受專業知能訓練，其中「休閒輔療」是機構創新服務的重要項目，包括對休閒輔療的認識，以及如何將休閒輔療的知能應用在機構照顧工作上。目前運用在機構照顧上的「休閒輔療」主要包括：音樂律動類、園藝類、美術創作類、肢體動作類等，多數都在強調透過參與、體驗學習（embodied learning）或稱肢體學習或教育（Matthews, 1998），引發身心靈的平衡感、舒適感。筆者鼓勵照顧工作者多透過律動性的肢體活動，提升機構入住長輩的情緒價量和身心健康。

律動讓我們身體內的液體和養分可以快速的到達每一個深層細胞，讓我們可以維持情緒的平衡，可以有效增加體內許多神經傳導物質和賀爾蒙的分泌，包括生長激素、多巴胺、男女性賀爾蒙、血清素，並減少因為壓力產生過量的皮質醇。因此「全身律動」（whole body vibration）或「律動療法」（vibration therapy）在國外已行之多年。其中，全身律動分為「全身垂直律動」和「全身水平律動」，目前已有研究證明「垂直律動」可以強化肌肉力量及彈跳力，增加關節穩定及平衡感等。垂直律動對身體的幫助主要是透過張力振動反射、肌肉中肌小管的增加及內分泌的改變，改善身體的肌肉、關節穩定性與平衡感等。「水平律動」則是透過人體從頭部到腳部方向的規律振動，讓身體產生一種特別的剪力，刺激人體的血管內皮細胞分泌一氧化氮。其中一氧化氮能夠舒張血管，保護心臟與大腦，所以可以預防與改善缺氧性心臟病及腦梗塞或血栓（王剴鏘，2010；簡志龍，2013；Benefitof, 2014）。

最早的全身振動機器約在1900年完成設計，由美國凱洛格醫生所發明。但現代的全身垂直律動機則是蘇聯於1960年代所發明的，主要是協助太空人在無重力狀態下，避免肌肉萎縮以及脊椎、髖骨及股骨的骨質流失（簡志龍，2013）。全身律動

是透過機械的擺動，達到治療效果，是一種「被動式運動」，目前逐漸被用來作為長期臥床者或高齡者的復健。全身律動也可以區分為局部與全身被動式運動兩種。目前國內外各類的全身律動機器，都是垂直律動、水平律動，甚至是全身律動概念的應用。

由於全球高齡化人口的快速增加，醫學界特別推崇全身律動對高齡者身心的益處。對高齡者而言，因為腸胃功能的退化、血液循環效率變差；長期以輪椅代步，足部變得非常僵硬的長輩們（**圖4-1**），全身律動對身體的幫忙更顯重要。全身律動對高齡者身心的益處可分為幾個方面（Benefitof, 2014）：

1.全身律動可增加骨質的密度，參與骨質重塑。研究證明，只要經過10～12週的訓練，就可以明顯改善骨質的密度，有效防止高齡者摔跤等情形。

2.全身律動有助於肢體動作的平衡，重塑非隨意肌（involuntary muscle）的反應能力，可以有效改善老年帕金森氏症的症狀。

3.透過律動治療，體內的生長激素可以大量增加，提升組織的修復能力，增加皮膚中的膠原成分，減少皺紋的產生。

4.透過全身律動，可以協助增進身體循環，增加多巴胺、

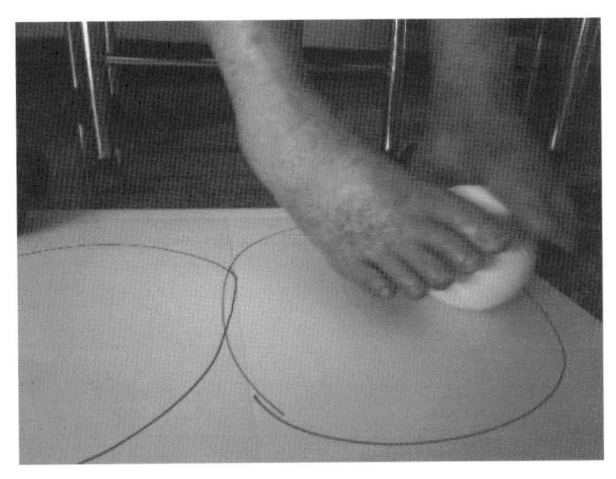

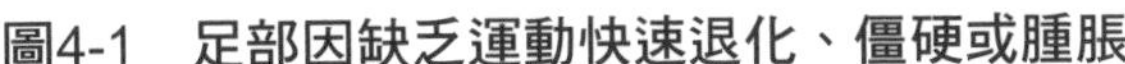

圖4-1　足部因缺乏運動快速退化、僵硬或腫脹

性賀爾蒙和血清素等神經傳導物質的分泌量，保持情緒平衡，因此可以改善個體的更年期症狀。

5.全身律動可以促進腸胃蠕動，提升消化道的功能，間接提升人體的免疫力，提高生活品質。

王剴鏘醫師（2010）在《臟腑力革命》書中也強力呼籲：身體健康及臟腑器官功能的差異關係，取決於人體內的一氧化氮含量的多寡及活動力強弱與否。並從物理學和運動醫學的角度提出「力＝質量×加速度」的概念，建議國人利用重力加速度的概念，讓運動達到相乘效果。目前陸續發展出來的「垂直振動運動」就是一種重力加速度的運動設計，同時配合人體器官垂直排列的生理特質，可藉此打通人體氣脈，增加代謝作用，幫助身體移除細胞毒素，達到調養臟腑力的效果，是提升臟腑力的重要養生法。

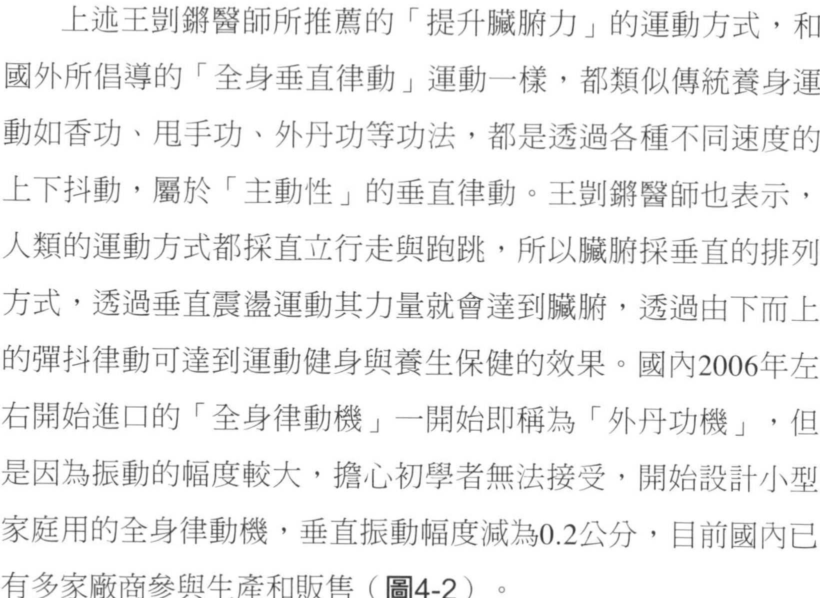

上述王剴鏘醫師所推薦的「提升臟腑力」的運動方式，和國外所倡導的「全身垂直律動」運動一樣，都類似傳統養身運動如香功、甩手功、外丹功等功法，都是透過各種不同速度的上下抖動，屬於「主動性」的垂直律動。王剴鏘醫師也表示，人類的運動方式都採直立行走與跑跳，所以臟腑採垂直的排列方式，透過垂直震盪運動其力量就會達到臟腑，透過由下而上的彈抖律動可達到運動健身與養生保健的效果。國內2006年左右開始進口的「全身律動機」一開始即稱為「外丹功機」，但是因為振動的幅度較大，擔心初學者無法接受，開始設計小型家庭用的全身律動機，垂直振動幅度減為0.2公分，目前國內已有多家廠商參與生產和販售（**圖4-2**）。

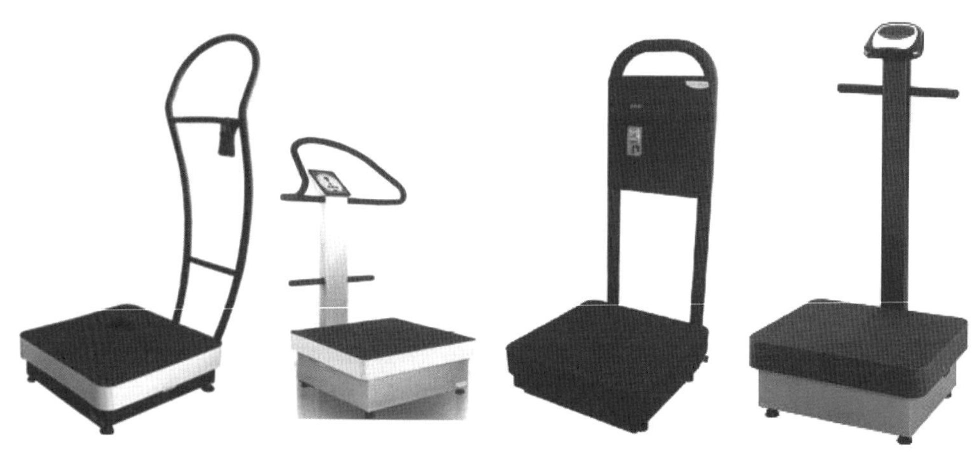

圖4-2　目前市面上常見的全身律動機

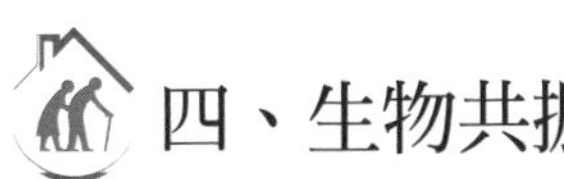

四、生物共振波的產生

一般而言，生物共振波的激發活動包括下列幾種類型（王唯工，2010；簡志龍，2013；Lee, 2008）：

(一)肢體顫動

以全身或部分的肢體作有頻率的振動，每分鐘顫動約60～80次，與心跳同步，可持續3～5分鐘。例如配合共振節奏明顯的音樂，擺動手臂、身體、頭頸部等，都可以引發體內共振的生物波能量。

例如李承憲醫師（2008）所推廣的頭部和全身腦波振動，即是透過頭部甚至全身的顫動，激發體內的生物共振波。其中全身腦波振動（**圖4-3**）即屬於上述全身律動中的「垂直律動」。頭部腦波振動（**圖4-4**）則包括前後擺動、左右擺動和8字型擺動。其中「8字型」的頭部腦波振動概念和目前能量醫學和自然療法所推崇的「跨越中線」的能量運動觀點不謀而合。

(二)拍打運動

以適當的力量，用雙手互相拍打或拍打身體其他部位，拍打頻率也是每分鐘60～80次，與心跳同步。從雙手互打，接著

圖4-3　全身腦波振動

圖4-4　頭部腦波振動

是臉部、頭部、頸部、肩部、胸部、腹部、大腿部、膝蓋、小腿、雙足等依序拍打。例如目前許多協會推廣的十巧手律動操、甩手功、穴道拍打等，都是透過拍打激發體內的生物共振波（**圖4-5**）。

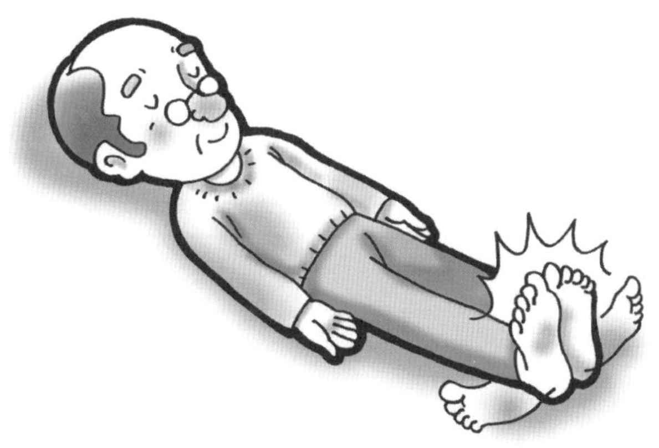

圖4-5　腳掌律動

(三)按摩或搓揉

中國傳統的按摩、刮痧，以及目前坊間生產很多種自我照護的按摩器，都是透過一定頻率以上的搓揉、按摩，促進體內血液循環。只要我們用心挑選，也可以為失能長輩提供自我照護的機會和概念，一方面增進長輩身心健康，一方面可以減少照顧者的負擔，可謂一舉數得。

筆者實際帶領照顧者進行情緒覺察、高齡者活動設計和示範時發現，機構入住長輩進入機構後，會逐漸依賴輪椅，以輪椅代步，雙腳活動逐漸退化後，會加速體能的退化，使得原本不靈活的單側手腳更加弱化、僵硬。加上輪椅兩邊扶手的高度通常高過長輩的腰部，長輩的雙手必須長時間的懸掛在扶手上，因而限制上半身的活動能量，導致頭部和頸部的嚴重僵硬。這些都是長輩們氣血無法產生共振，無法形成生物共振波的結果。

日本Arita（2008）教授曾經分析練習「腦波振動」者的血清素分泌情形，該研究表示每天練習三次，練習15分鐘以上，就可以有效增加大腦血清素的分泌量、增加大腦α波、增加前額葉的血液流量、減低壓力與疲勞、增加活動力。日本Noburu（2008）博士則持續觀察65位以上練習腦波共振者在心理上的變化，這些練習者變得更有自信、人際關係變得平和、容易有滿足感、感覺自己比較有生命力、覺得比較健康等。Bowden等人（2012）也曾經比較練習靜坐、瑜伽和腦波共振的效果，結果發現練習腦波共振對睡眠和降低憂鬱症的效果最好。

因此「律動類」的活動也是本書的主軸之一，例如配合機構入住長輩們的身體狀況，透過節奏樂器的打擊、律動音樂的聆聽和回應、頭頸部的規律擺動、腹部的拍打動作、雙手手掌與手臂的拍打、雙足的互相拍打，都能有效協助機構入住長輩們激活體內的生物能量波，提升長輩們的情緒價量，對長輩們的「自我療癒」能力有極大的幫助。

五、音樂輔療、律動輔療

利用音樂的旋律和律動，促進長輩的運動知覺，是一種自然療癒的概念。國內目前對於以音樂為媒介的情緒引導課程都稱為「music care」，中譯為「音樂治療」或「音樂輔療」，例如：目前由「福樂多醫療福祉事業」負責培訓的「加賀谷式音樂療法」（**圖4-6**），係1967年日本加賀谷哲郎先生所創立的「加賀谷式音樂療法」，西元2000年引進台灣，主要是藉由音樂的律動特質，配合身體動作，活化身體機能；至於由大專院校所辦理的「音樂輔療」，也譯為「music care」，兩種課程都屬於實作課程。

「加賀谷式音樂療法」包括四個核心元素：(1)節奏與旋律明顯的背景音樂；(2)經設計且有療癒目的的動作；(3)經正式訓練的治療者；(4)時間點明確的樂器活動或肢體活動。主要是透

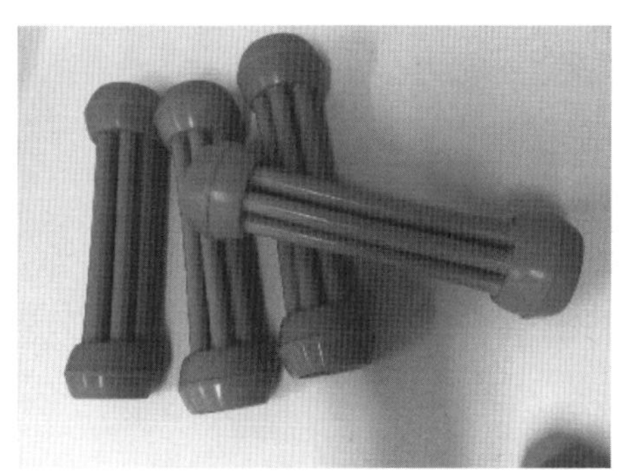

圖4-6　「加賀谷式音樂療法」常用的手指棒和平衡轉輪

過律動，發揮音樂的特性，讓人與人之間的心能夠相互回應，因此一般又稱為「音樂律動課程」。加賀谷式音樂療法主張利用音樂的聆聽，可以讓收聽者產生快樂、安定的心情；藉由音樂的領導，配合身體動作的帶動，更可以獲得身體活化、心情愉悅的效果（福樂多醫療福祉事業，2014）。

至於國內目前已有幾個機構開始培訓高齡者音樂照顧專業人員，則通稱「音樂輔療」。其中國立台北護理健康大學推廣教育已完成多期培訓，該中心將「音樂照護」（music care）界定為「以有技巧的設計、以音樂活動介入，幫助有需要的人達到身心靈及情緒的健康，以熟知的生活經驗為元素，運用歌唱、聆賞、樂器、律動、遊戲、美術、靈性、戲劇等活動介入，幫助長者及自己達到愉悅、休閒、運動、社群等功能」（活力大衛，2014）。

文化大學進修推廣班的音樂輔療課程則包括：音樂與歌曲顏色的搭配、肢體律動與音樂的結合、樂器敲奏與歌曲練習、唱歌活動、音樂遊戲、引導長者的音樂放鬆按摩、音樂輔療個案及團體教學實務等。儘管每一個機構的培訓課程有所差異，但是兩種課程的核心都是「樂曲」和「律動」，其中，常用且適合團體音樂律動的小型樂器如**圖4-7**；適合團體能量律動的簡易器材如**圖4-8**。

由於本書以日照中心和機構長輩為主要服務對象，因此結合音樂律動的概念，以及美國「國際活躍老化協會」（The

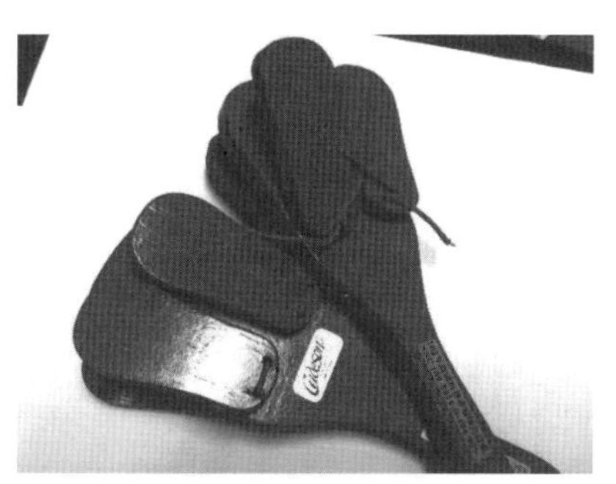

雙色木鳥

鈴鼓

羊皮鼓

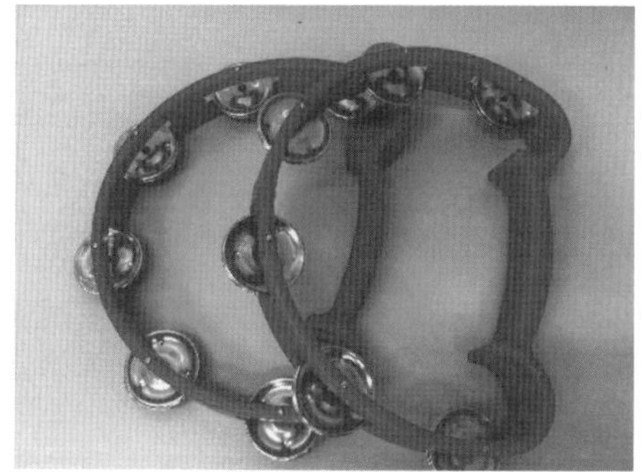

八吋手搖鈴

小型手搖鈴

沙鈴

圖4-7　適合團體律動的小型樂器

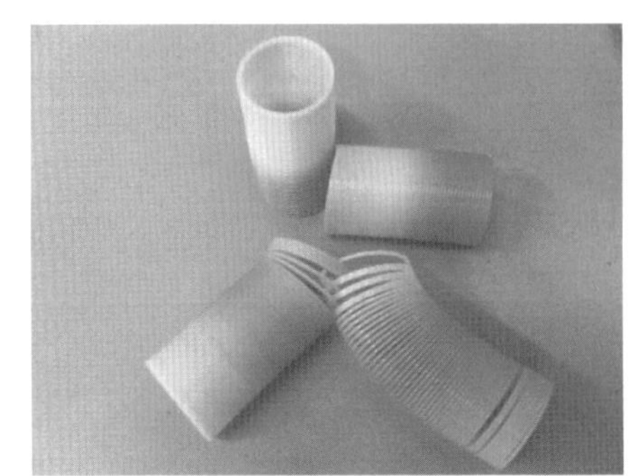

彈力圈

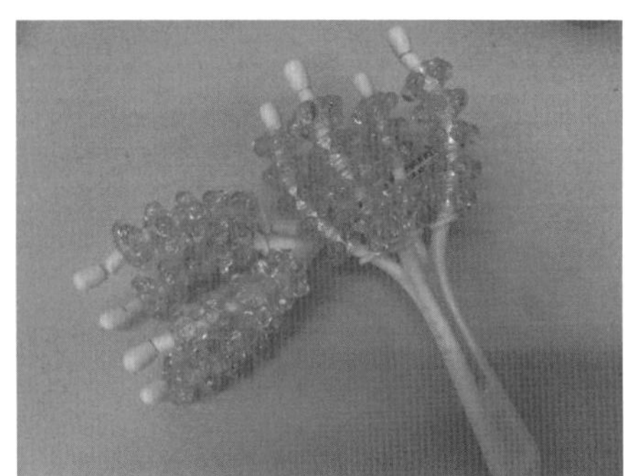

Y型手臂按摩棒

彈力帶

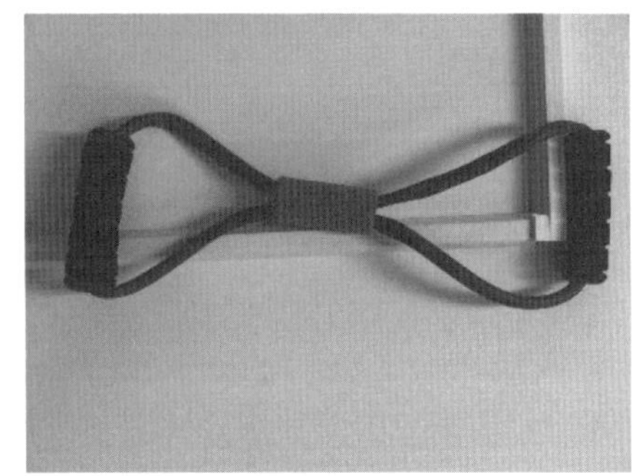

雙把彈力拉桿

按摩球

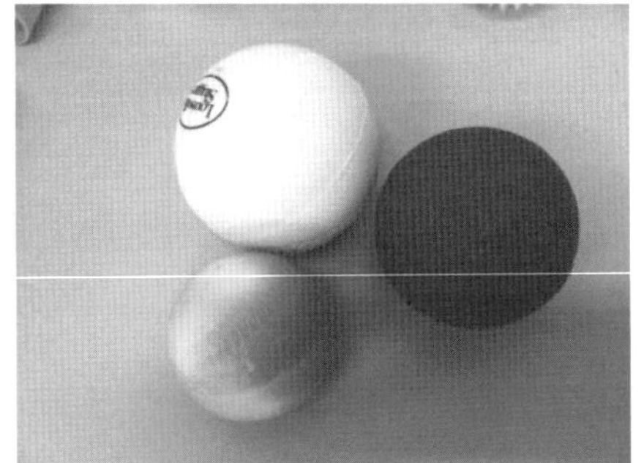

各種大小軟球

圖4-8　適合各類能量律動的簡單器材

International Council on Active Aging, ICAA）的「Functional U」理念（Fulton, 2013），提出「律動輔療」的概念。將「律動輔療」界定為「以律動性樂曲為媒介，透過肢體律動引發個體體內的生物共振波，激發個體正向情緒價量，並提升自我療癒能力」。「律動輔療」主張每一個個體都有完整的功能，每一個體都是有生命的、有心跳的個體，因此「律動」是每個人與生俱來的本能。

音樂與律動是天生的最佳拍檔，引導者必須完全融入律動示範動作。例如：引導過程中必須保持眼神的接觸；引導時應盡可能貼近參與者，保持一種親密感；引導者演唱或拍打時要有信心；律動進行中必須同步引導參與者保持能量等。根據筆者活動引導的經驗，機構高齡團體的設計，一方面要有效引發高齡體內的生物共振波；一方面要讓高齡者主動投入肢體的律動，並感受到團體的歡樂氣氛，才能有效激發長輩的情緒價量。

六、能量醫學

「能量醫學」（Energy Medicine）也稱為「律動能量醫學」（Vibrational Medicine）（蔡孟璇譯，2004），目前所有的能量醫學研究者和實務工作者都認為律動能量的治療是自然療法醫學的一種，與「傳統西方醫學」基本概念上有很大的差

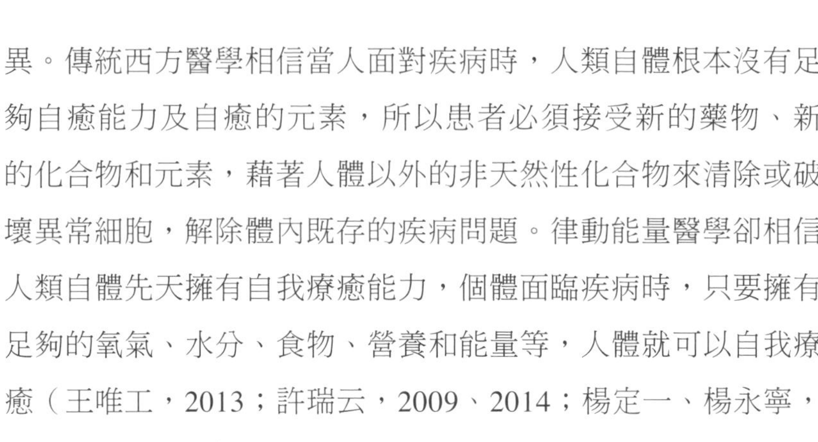
異。傳統西方醫學相信當人面對疾病時，人類自體根本沒有足夠自癒能力及自癒的元素，所以患者必須接受新的藥物、新的化合物和元素，藉著人體以外的非天然性化合物來清除或破壞異常細胞，解除體內既存的疾病問題。律動能量醫學卻相信人類自體先天擁有自我療癒能力，個體面臨疾病時，只要擁有足夠的氧氣、水分、食物、營養和能量等，人體就可以自我療癒（王唯工，2013；許瑞云，2009、2014；楊定一、楊永寧，2014；Lee, 2008）。

(一)從卡巴拉到微能量

古老的智慧卡巴拉（Kabbalah）是「宇宙學」（cosmology）的系統和知識體系，Kabbalah是建立在各種象徵（symbols），以及象徵和各種事物之間的關係，從宇宙形成的抽象的概念，到具體的物理世界，以及這些系統彼此連結所形成的氣場。Kabbalah強調宇宙中每一個小系統都是彼此相關、緊密連結的。每一個小系統有任何的變化，都會影響到整個大宇宙。其觀念和「複雜理論」、「量子力學」等概念不謀而合（摘自秦秀蘭，2012）。目前坊間流行的「塔羅牌」就是Kabbalah知識的應用，但是侷限性的應用和商業化、玄學化的結果，卻讓大眾看不到Kabbalah宇宙學的系統和知識體系的精髓。

Kabbalah以「生命之樹」（tree of life）的原型為核心（**圖4-9**），每一個生命之樹至少包括十個生命元素，並分為地、

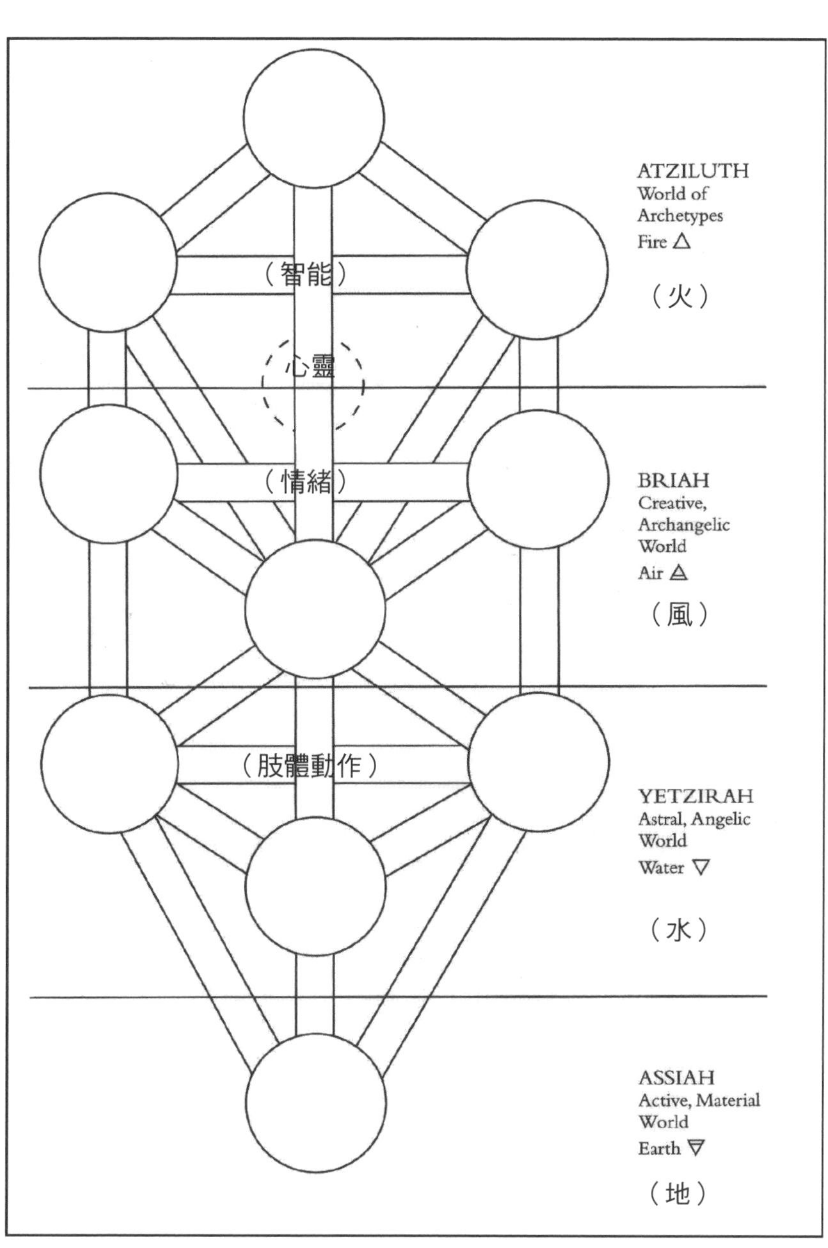

圖4-9　Kabbalah生命之樹的原型

資料來源：摘自Halevi (1979).

水、火、風四個層次。每一個生命元素之間彼此相關，相互影響，共同形成一個整體。形成生命之樹的內涵可以無限的延伸，可完整呈現宇宙學的系統和知識體系。因此，Kabbalah可視為目前「整全」（holistic）身心靈發展概念的先驅（Halevi, 1979; Mark, 2007）。

Kabbalah自我療癒概念根據人體的生理和能量結構，以生命之樹來呈現人體的能量體系，由下而上將個體的能量分為：肢體動作（action）、情緒（emotion）、智能（intellect）等三種層次，整體的展現則是個體的「心靈」（spirit）（Stavish, 2007），和目前整全的身心靈自我療癒、另類醫療的概念不謀而合。

近十多年來，能量與自我醫學的概念再次受到人們的重視，例如由美國Holos大學所支持的「美國際微能源和能量醫學研究國際學會」（International Society for the Study of Subtle Energies & Energy Medicine, ISSSEEM）從1989年開始推動自然醫療、能量醫學的概念。其中Jacob Liberman（1995）眼科醫師即從能量醫學的角度指導人們摘掉眼鏡，跳脫人類可視光線的限制，透過一些自然療法，例如藏輪圖的凝視訓練、身體能量的重整，恢復健康的視覺。國內王唯工教授也從物理學的角度，說明「氣功」對個體身心健康的幫助。主要是因為練完氣功之後，體內可形成和諧共振波，讓血液在身體運行流暢，身體自然轉為健康（王唯工，2009）。

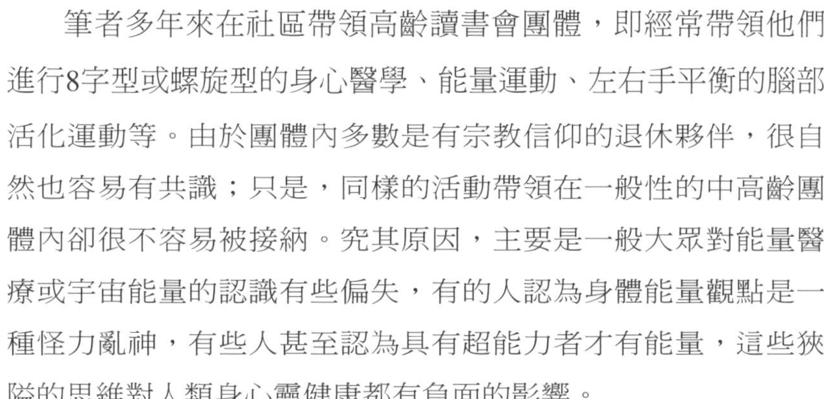

筆者多年來在社區帶領高齡讀書會團體，即經常帶領他們進行8字型或螺旋型的身心醫學、能量運動、左右手平衡的腦部活化運動等。由於團體內多數是有宗教信仰的退休夥伴，很自然也容易有共識；只是，同樣的活動帶領在一般性的中高齡團體內卻很不容易被接納。究其原因，主要是一般大眾對能量醫療或宇宙能量的認識有些偏失，有的人認為身體能量觀點是一種怪力亂神，有些人甚至認為具有超能力者才有能量，這些狹隘的思維對人類身心靈健康都有負面的影響。

還好國內最近幾年有許多中西醫師，連續透過科學研究、養生書籍的出版和演講，努力引導國人重視「身體的自我療癒力」，讓我們深入瞭解人體「氣」與「能量」的存在事實，再度瞭解個體自身能量與身心健康的關係，甚至鼓勵大家從「心」開始，只要從感恩心出發，就有能力將我們自己體內的負向能量轉變為正向的能力（許瑞云，2009、2014；楊定一，2012）。國際腦教育協會李承憲醫師多年來推動「腦教育」（Lee, 2008），也在協助個人的腦波回到和諧共振、均衡的狀態。國內物理學家王唯工教授多年來也從物理學的觀點，闡述人體內「和諧共振波」和能量的關係，並說明人體內共振波和中國傳統氣功在人體內所形成的「和諧波」對人體健康的重要性（王唯工，2009、2013）。這些都屬於能量醫學或自然療法，是一種非常有智慧、振奮人心的醫療觀點。

(二)異側傳輸與異側爬行

異側傳輸（contralateral transmission）是指我們的大腦神經系統以交叉方式傳輸訊息，例如：大腦左半球控制右半身身體功能，右半球控制左半邊功能。從能量醫學的觀點，如果左右腦的能量無法順利地交流到對邊的身體，個體就無法充分發揮大腦的潛能與身體的智慧。在人類的進化過程中，走路、游泳、跑步等都是一種「異側爬行」或稱「交叉爬行」（the cross crawl），這樣的異側傳輸可以讓身體的能量自然形成「交叉模式」，保持身體正向的能量（蔡孟璇譯，2004）。但是目前一般長期坐在辦公桌前工作的現代人，無論打電腦、寫公文、出門開車、搭電梯，都是同側手腳的運動，是一種「同側爬行」，此時身體的能量傳輸是一種「直流模式」（homolateral pattern），和爬蟲類、犬貓類的爬行一樣，都屬於「同側爬行」，很容易讓能量流失，減低身體的自我療癒能力。

以剛出生的嬰兒為例，嬰兒在學會交叉爬行前，都是同側爬行（**圖4-10**），像鱷魚式的爬行，身體自然地垂直上下移動，他們身體的能量尚未交流，仍然是右腦管理右邊身體、左腦管理左邊身體，但是他們很快就可以學會異側爬行。這就是為什麼嬰兒的學習曲線指數會隨著嬰兒的爬行能力快速遞增（謝維玲譯，2014）。

我們日常生活中多數的時間都在進行「直線運動」，因此

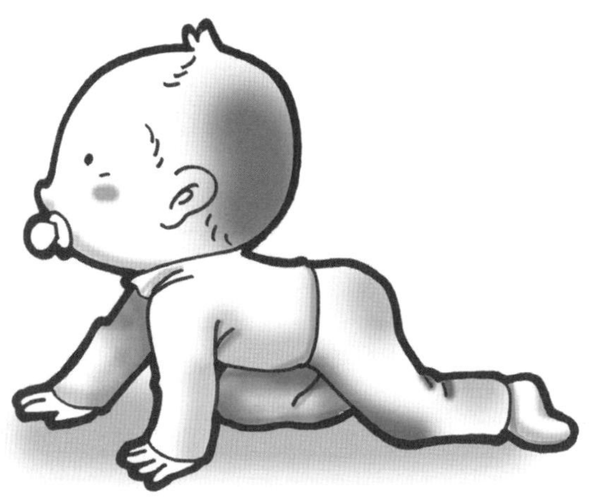

圖4-10　嬰兒同側爬行

知名的長庚科技董事長楊定一醫師這幾年來也從能量醫學、自然療法的觀點，全力推展靜坐和「螺旋拉伸運動」。楊定一表示，因為人體身上有兩百多處關節，螺旋拉伸運動能調整脊椎，讓人們即使處於壓力大的生活中，也能從中做到「結構上的修正」。一般人通常久坐不動，習慣把身體往前傾，而且通常只做些「直線運動」，不利於身體能量的移動和轉換。如果在日常運動中能做到螺旋拉伸，像擰毛巾一樣，把脊椎伸展開來，才能有益於健康（楊定一、楊永寧，2014）。

慈濟醫院許瑞云醫師（2014）也表示，醫生沒有治癒人的本事，個體能夠恢復健康，靠的是人體的自癒能力；醫生的角色，是幫你找到那把自我療癒的「鑰匙」，找出疾病的因，需要病人願意全力配合去改變這個因，才能恢復健康。目前許瑞

云醫師積極在台灣各地區以及東南亞各角落推廣各種「異側爬行」、「8字形身體律動」、「劃分天地」等各種可以提升身體能量的肢體律動，鼓勵大家運動時儘量多做一些身體兩側交互擺動的運動，以幫助大腦左右側腦室之間的訊息互動以及大腦側化分工情形，都是一種能量醫學觀點的實踐（**圖4-11**）。

目前坊間已有一些運動健身器材，結合律動和能量的概念，讓運動者雙手扶握把手，雙腳在踩踏時，身體會自然進行8字形的韻律操，其設計概念就是能量醫學所謂的「異側爬行」或「螺旋式運動」（**圖4-12**）。

圖4-11　輪椅高齡者也可以做的異側爬行

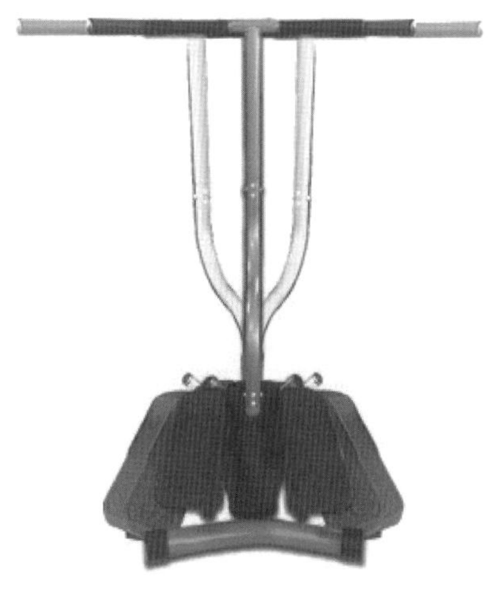

圖4-12　結合8字律動操的左右搖擺律動機

澳洲墨爾本「親親袋鼠嬰兒培育中心」（Toddler Kindy GymbaROO）的創始人Margaret Sassé博士，甚至鼓勵從嬰幼兒階段就應該重視「異側爬行」與能量的訓練，才能激發嬰幼兒的潛能。Margaret Sassé博士長期持續努力為各類障礙兒童發展許多嬰幼兒活動，都是採用異側爬行、穴位按摩等能量發展概念，已成功地幫助許多嬰幼兒透過五感律動，刺激大腦發展，協助這些兒童健康成長（謝維玲譯，2014）。

事實上，即使是健康的成人，也容易忽略「交叉模式」運動機會，例如，走路時，單手提重物，或者單肩背著背包，用單手或手握住背包等，都無法讓身體進行「異側爬行」，所以容易覺得疲倦。因此建議外出或運動時，儘量採後背式背包，空出雙手自然的擺動，讓身體的能量能夠自然進行異側交流。

(三)能量與自我療癒

上述這些能量醫學的醫療有人稱為「另類醫療」（alternative medicine systems），有人稱為「深度醫療」（deep medicine），都是強調從個人內在能量的覺察、能量的激發開始，找回個體自我療癒的能力，並認為人體的健康應該從自我照顧開始（蔡孟璇譯，2004；Stewart, 2009）。Stewart認為個體的自我照顧應該是整全的、全人的，具有自我療癒能力的個體需要建立在四項基礎上，包括：「營養的攝取」、「肢體運動和放鬆」、「人際關係和社群」、「靜坐與獨處」，其概念與高齡者的生理和心理需求不謀而合。

「能量醫學」引導人們如何把自己的身體當成一個能量系統，並將疼痛或痛苦視為身體能量失衡的一種訊號。肯定身體或情緒是一種能量，每一種活動都在幫助個體做身心靈的轉變，讓身體的能量回到和諧共振、整合均衡的狀態。同時引導人們如何透過自然療法、經絡按摩、身體異側能量的平衡運動，重拾健康。本書高齡團體律動的活動設計也是以此高齡者的自我療癒為終極任務，強調透過團體活動參與、身體的律動、肢體放鬆練習等，提升長輩的生理循環功能以及生活愉悅感。

Chapter 5
活動設計

一、律動類

二、能量類

三、團體動力類

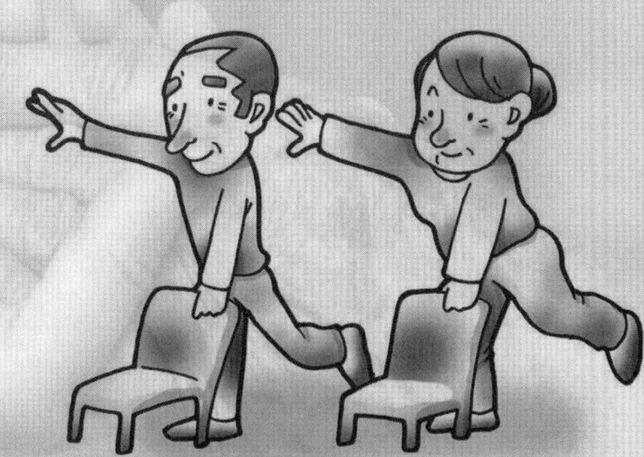

本書活動設計分為三個主軸：律動、能量、團體動力，每一個類型的活動又區分為初階和進階。進階活動適合認知功能較高的長輩；初階活動則適合失能或半失能的長輩，引導說明都較為詳細，但都可加以改變作為健康和亞健康長輩的團體活動。至於活動引導器材，夥伴們可發揮創意，善用身邊各種現有的材料加以設計。相信，只要用心，每一位夥伴都可以成為專業的高齡活動引導者。祝福大家！

一、律動類

律動初階	放鬆搖擺
	手指真棒
	按摩樂•樂無窮
	手眼協調•我愛恰恰
	雙手控球
	口腔律動操
律動進階	起床律動操
	全身腦波振動
	生命律動的自我覺察

放鬆搖擺

⊙活動目的

1.透過身體的自然擺動，激活長輩體內的生物共振波。

2.配合律動音樂鼓勵長輩擺動身體，使僵硬的肢體逐漸柔軟，以提升情緒價量和生活品質。

⊙空間與器材規劃

1.團體或個別體驗，採坐姿或站姿皆可。

2.針對機構內半失能的長輩，以節奏輕快但緩慢的音樂為主，例如望春風、甜蜜蜜等，須留意不同省籍長輩的音樂喜好。

⊙活動階段

1.引導者在長輩前，隨著音樂律動輕輕擺動上身和頭頸部，同時輪流在每一位長輩前示範、以眼神鼓勵長輩跟著練習。

2.擺動的方向和幅度可隨意調整。但是有三種擺動方式，如圖一所示。左圖是將頭部輕輕左右擺動；中間圖示為∞擺動，想像頭部是一支毛筆寫一個横的「8」；右圖則是將頭部前後擺動。

圖一　頭部放鬆搖擺

3.先從頭部前後擺動開始，把頭部輕輕往後擺動，會自然回正。

4.提醒長輩輕輕閉上眼睛，放心地聆聽音樂的優美旋律並自然地搖動身體。持續一首曲子的時間，過程中要持續提醒長輩吐氣、放鬆。

5.引導者可漸次引導，一次只示範一個動作。必要時可站在長輩身旁，以手部輕輕協助長輩輕鬆擺動頭頸部。

⊙引導者貼心提醒

1.本單元可舒緩大腦皮質和前額葉的壓力、形成和諧的腦波，提升身體的自我療癒功能。對機構內長期以輪椅代步，身體僵硬、睡眠品質不好的長輩非常有幫助。每一次大約搖動60次，大約1～2分鐘。

2.如果是健康、活躍的樂齡大學長輩，可以使用節奏較快的音樂，並以站姿來練習，如圖二。

圖二　全身垂直律動

3.建議每一位照顧者都應該學會這個活動，透過身體力行，才能真正體會這個活動對身體的助益，進一步長期的引導長輩，對長輩的生理和心理健康將有極大的幫助，也是長輩們的福氣。

延伸閱讀

中國氣功中所說的「動功」也是一種全身律動，例如香功、甩手功、外丹功等，都有各種不同速度的上下抖動，屬於「主動性」的垂直律動。都已證實可以有效的提高人體的骨質密度，都值得我們珍惜並加以改變，以協助亞健康或失能長輩提升生理健康和免疫能力。

單元名稱 2 手指真棒

⊙活動目的

1.以旋律較輕快的音樂來活動手部關節，激活長輩手部的血液循環。

2.配合手指棒的設計，方便中風後半身麻痺的長輩參與活動，減少他們的挫折感。

⊙空間與器材規劃

1.以輕快節奏、明顯的音樂為主，例如長輩熟悉的丟丟銅仔、四季紅、畫眉鳥、Ready go……。

2.材質較為柔軟的手指律動棒。

⊙活動階段

1.現實導向

將手指棒分給每一位參與的長輩，本單元以手指棒為主要引導媒介，活動前可先展示手指棒，並詢問長輩手指棒的顏色。

2.手指棒律動

(1)引導者示範用右手將手指棒下部固定，左手握住手指棒上部用來旋轉，以活化前臂肌肉（圖一）。

(2)如果中風後半身麻痺的長輩，可協助其將長輩不方便移動的手部指頭深入手指棒間隙，以方便長輩另一邊手部握住手指棒，隨著音樂扭動手指棒（圖二）。

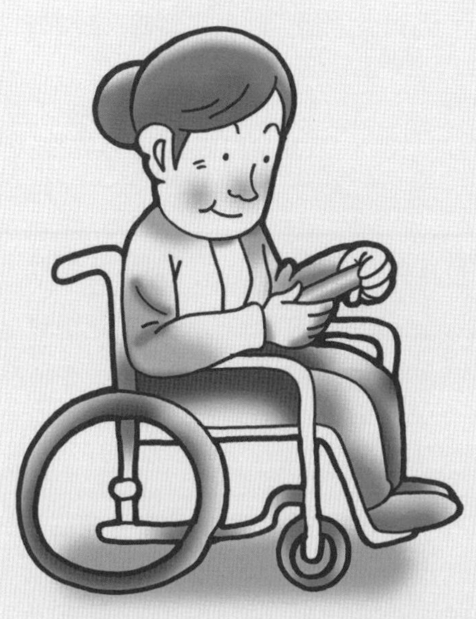

圖一　下方固定，用一手旋轉手指棒上方

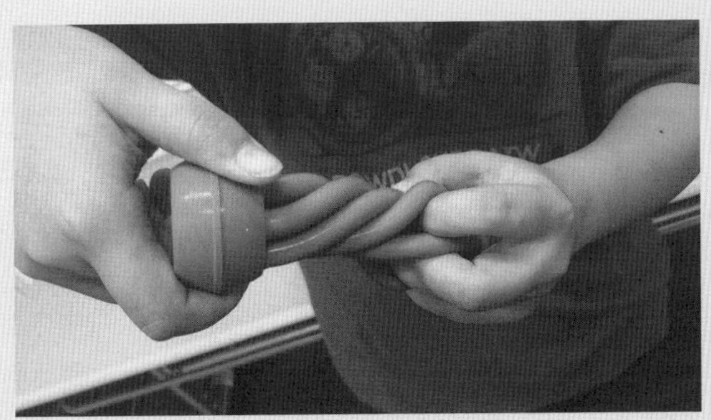

圖二　無法抓握者，可協助其將手部指頭深入手指棒的一端

(3)配合節奏輕快的音樂，引導長輩隨著音樂律動旋轉手指棒上部，以帶動手部肌肉的運動。同時自然的移動兩手的位置、擺動的角度等。可持續一首曲子的時間。

(4)重複播放音樂，換成用左手固定手指棒下部，右手握住手指棒上部用來旋轉。提醒長輩自然的移動兩手的位置、擺動的角度等。長輩們會很喜歡這個活動，可持續一首曲子的時間。

3.手指棒按摩

(1)引導者示範以手指棒在手臂、腋下、肩膀處拍打，促進血液循環，並引導長輩抬高手臂，或隨著手指棒按摩的律動，搖擺身體。

(2)可邀請參與者試著聽著音樂，跟隨律動自行拍打手臂、肩頸，增加高度和強度等。

⊙引導者貼心提醒

1.由握力活動加強長輩的上肢活動機能，可預防因活動不足所帶來的肌力萎縮及關節僵硬。活動結束後可詢問長輩運動後的感受，引導長輩進行口語表達。

2.務必留意半身麻痺的長輩，只要能協助其將手部指頭深入手指棒間，即使由照顧者協助轉動手指棒上端，都會在手臂上形成律動感，有一定的療癒效果。

單元名稱 3 按摩樂．樂無窮

⊙活動目的

1.配合樂曲，為身體進行局部按摩，促進血液循環。

2.利用小型按摩器材，引導長輩隨時隨地進行自我照護，提升長輩自主能力。

⊙空間與器材規劃

1.坊間販售的Y型按摩器，或輕巧、有握柄的按摩器材。

2.節奏明確的音樂。

⊙活動階段

1.選擇適當的按摩工具

各種手握型按摩器都相當輕巧，很適合長輩使用。例如下圖最右邊的「Y型手臂按摩器」是筆者在照顧機構內經常使用的按摩器，塑膠材質的透明滾珠非常適合用在失能老人的末梢神經按摩。

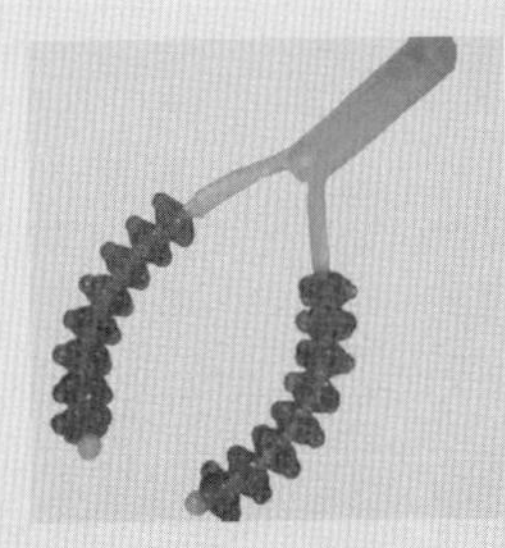

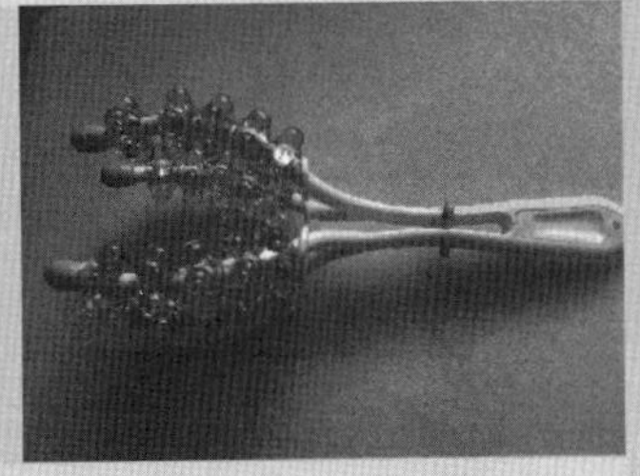

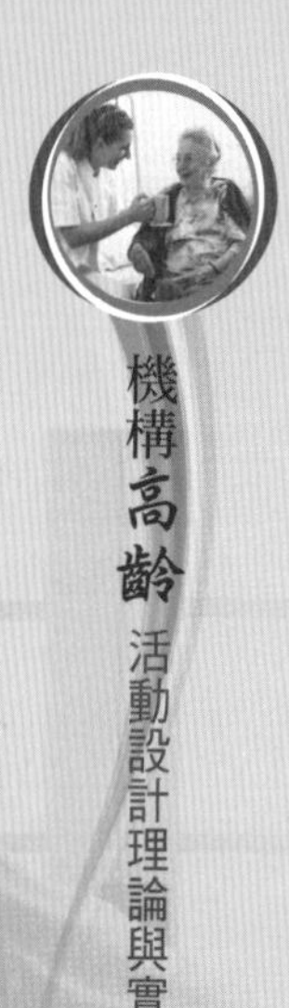

2.按摩樂．樂無窮

播放輕快的音樂，長輩只需單手握住「Y型手臂按摩器」，透過亮晶晶的滾珠，可以讓長輩自己按摩手臂、大腿、肩頸部、腋下淋巴腺等。

(1)手臂按摩

將Y型手臂按摩器整個在手臂上滾動，或者張開按摩器，夾住手臂（圖一），可同時按摩手臂兩側。配合長輩喜愛的樂曲，引導長輩一邊搖擺身體，一邊為自己按摩。至少一個小節的樂曲，再換另一側手按摩一個小節樂曲，效果非常好。

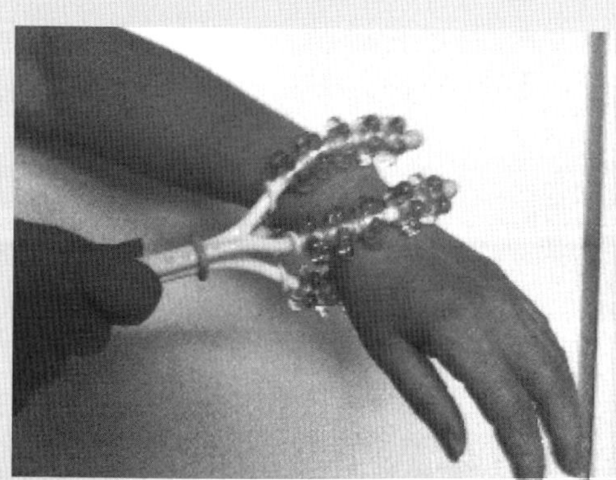

圖一　從手掌開始按摩

(2)腿部按摩

從右腿開始，像按摩手臂一樣，可以用整個Y型手臂按摩器在大腿上和小腿上滾動。也可以張開按摩棒同時按摩大腿的兩側，可以讓長期以輪椅代步的長輩快速改善腿部的血液循環。

(3)胸腺、腋下按摩

長輩手握按摩器，把手臂抬高（圖二），按摩器從手背部分往腋下滾動，刺激淋巴腺的功能；接著按摩兩邊的胸腺部分。

圖二　抬高手臂，逐步按摩腋下

◎引導者貼心提醒

1.這個活動是長輩們最喜歡的活動，長輩說：「連頭部、後腦杓都可以自己按摩，不用求人啦！」

2.功能較佳的長輩，可以互相為鄰座的人按摩背部，所以每一次都可以感受到長輩開心的團體氛圍和幸福感。

手眼協調・我愛恰恰

⊙活動目的

1.訓練長輩的專注力。

2.活化長輩手部的靈活度及手眼協調功能。

⊙空間與器材規劃

1.團體體驗，採坐姿。

2.8吋半月型鈴鼓（大小重量適當，才不至於造成長輩手肘的負擔）。

3.以旋律較輕快的音樂來帶動，例如山頂的黑狗兄、丟丟銅仔、愛情的恰恰、Ready go……。

⊙活動階段

1.輕聲細語Say Hello

本單元以8吋的半月型鈴鼓為主要媒介，鈴鼓的聲音具有一定的音樂療效，長輩們通常都很喜歡。因此可利用音樂準備時間逐一的把鈴鼓放在長輩們的手上。如果長輩的手指較不靈活，可協助他們以手指勾住鈴鼓，並藉此向長輩問安、鼓勵他們，可以得到長輩很好的回應。

2.樂師達人就是我

(1)先不播放音樂，引導者示範簡單的三拍節奏，右手持鈴鼓，第一拍用右手持鈴鼓拍打左手手部，第二拍用右手持鈴鼓拍打左邊大腿腿部，第三拍則用右手持鈴

鼓拍打右邊大腿腿部。引導者口中大聲數著「碰、恰、恰；碰、恰、恰」，並邀請長輩們大聲地跟著打節拍、喊口令。配合節奏輕快的音樂，示範拍打動作。拍打動作依序如圖一至圖三。

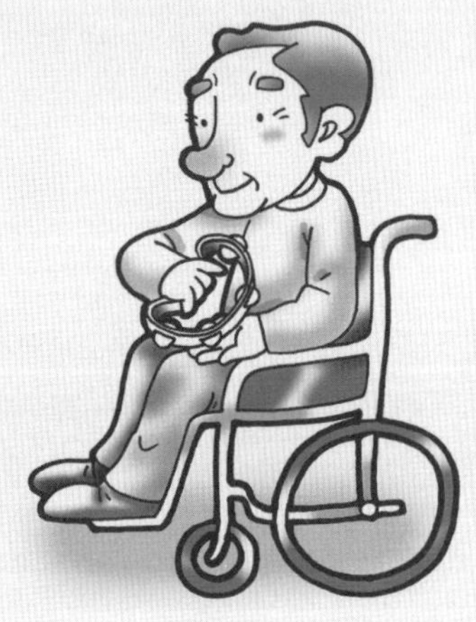

圖一　右手持鈴鼓拍打左手

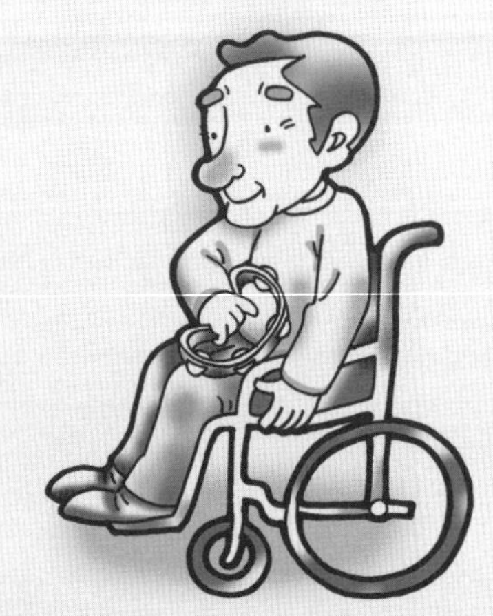

圖二　右手持鈴鼓拍打左腿

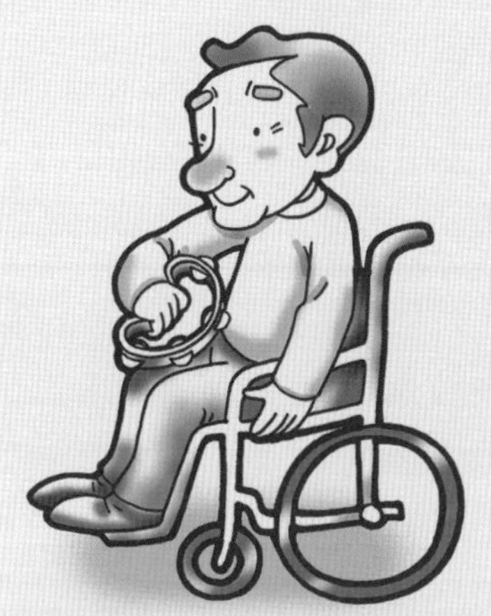

圖三　右手持鈴鼓拍打右腿

(2)半身麻痺的長輩，邀請他們用方便的手部握住鈴鼓，第一拍手持鈴鼓拍打在另一側的大腿腿部；第二拍、第三拍，則手持鈴鼓拍打和手部同一側的大腿腿部。引導者示範時可強調第一拍的力量，多用點力在第一拍上。

(3)上述拍打動作是一種身體能量的「異側交叉互動」，可有效改善長輩體內長期滯留不通的能量，因此這部分的練習時間至少3分鐘。引導者在長輩前方進行鈴鼓拍打活動示範要充滿熱情，並隨著音樂律動輕輕擺動身體，鼓勵長輩抬高手臂。

3.愛情的恰恰

(1)放音樂「愛情的恰恰」或其他三拍的樂曲，引導長輩依照上述的練習隨著樂曲伴奏，並大聲且愉快的跟著唱歌。

(2)如果有長輩可以自行站立，也可以鼓勵長輩根據音樂跳舞，激發所有長輩的學習動機。

4.第二次帶領活動時，可換成左手握鈴鼓，依序拍打右手，右大腿部、左大腿部。口中持續數「碰、恰、恰；碰、恰、恰」。

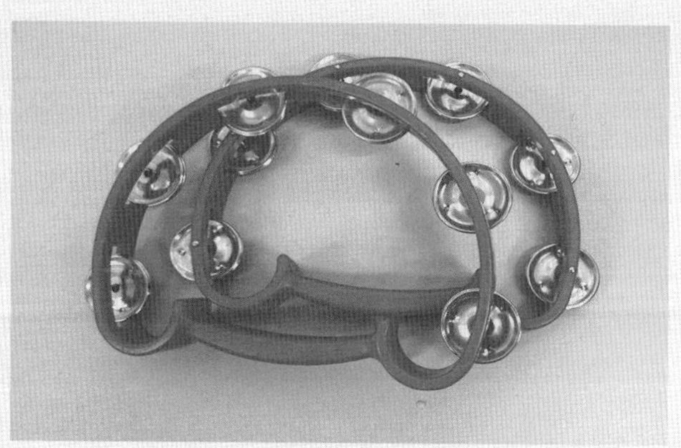

半月型鈴鼓

⊙引導者貼心提醒

1.「異側交叉互動」又稱為「異側爬行」，是一種「跨越中線」的腦部知動訓練，可以協助我們的左腦和右腦自然形

成「交流模式」，既維持大腦的側化分工，也可增加左右腦的協調和溝通。對於機構內長時間坐在輪椅上，身體能量經常處於「直流模式」的長輩們非常重要，可以提高他們身體的自我療癒能力。

2. 半身麻痺的長輩特別需要「跨越中線」的腦部知動訓練，要多帶領、鼓勵他們練習。

單元名稱 5 雙手控球

⊙活動目的

1.提升個體的大腦側化與平衡感功能。

2.整合大腦左右側的能量，提升個體身體的平衡感。

3.透過團體遊戲，提升高齡者的參與動機和情緒價量。

⊙空間與器材規劃

1.輪椅上需鋪上一塊有框邊的木板，避免球掉落地面。如果使用原來餐桌板，必須使用包有絨布的彈力球，避免彈力球掉落。

2.小型彈力球，直徑在8公分以下者為佳，避免長輩活動時手臂產生疲累感。韻律球表面如果有小小突起者效果會更好。

3.節奏明確的音樂。

⊙活動階段

1.手指暖身體操

(1)雙手用力握拳，數數「1.2」；再用力張開數數「3.4」，依序進行，連續四個八拍。

(2)雙手用力握拳，數數「1.2」；再用力張開並拍打大腿腿部，數數「3.4」。連續四個八拍。

2.我的能量球

(1)發給長輩每人一個小韻律球，請長輩雙手握住韻律球。握球時，右手和左手要分別從不同角度按壓韻律球，可依序從右手在上、左手在下的角度開始，依序移動雙手角度，按壓韻律球，讓韻律球按摩手掌的每一部分的皮膚（圖一）。

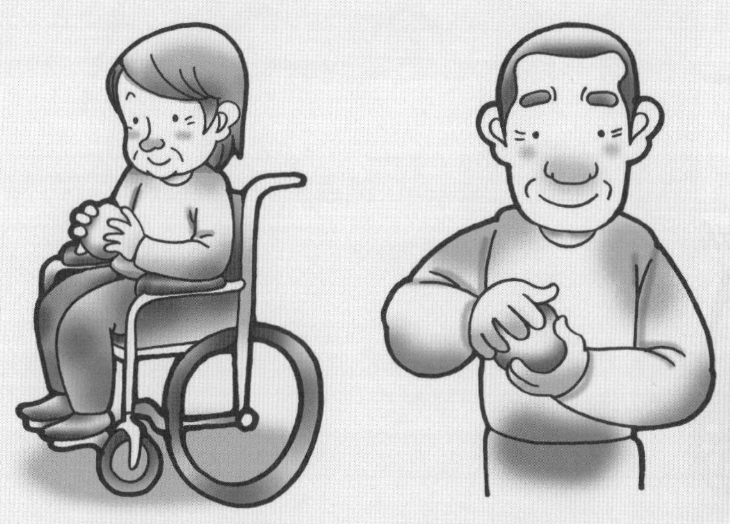

圖一　雙手從不同方向按壓韻律球

(2)可以不播放音樂，帶著長輩們自己一邊按壓韻律球，一邊來數數「1.2.3.4.5.6.7.8；2.2.3.4.5.6.7.8……」，至少做八個八拍。

(3)按壓的方式很多種，也可以兩手指頭交握，夾住軟球，有規律地從左右兩側按壓軟球（圖二）。單側失能的長輩可以用身體協助控球，對於單側失能的長輩有很大的幫助。

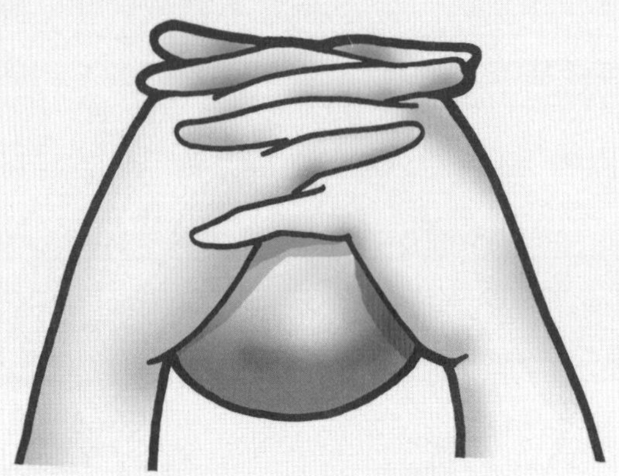

圖二　雙手從左右側規律按壓軟球

3.手指控球

(1)請長輩雙手握球，以右手手指把球體向右轉動，左手控球，左手拇指持續在球體上的中線上移動。控球時，兩手的五個手指頭都要持續擺動、推球，才有效果（圖三）。

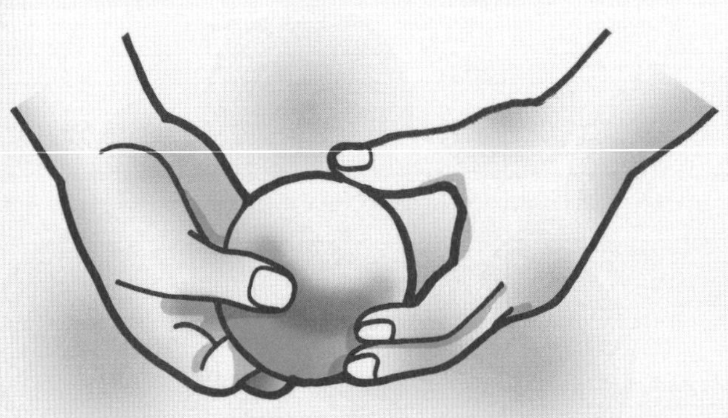

圖三　手指控球

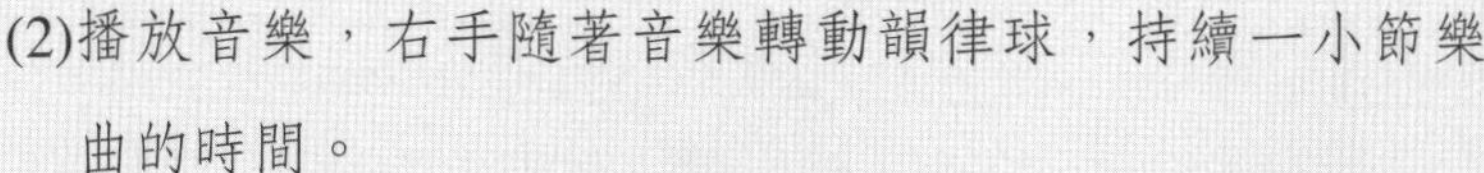

(2)播放音樂，右手隨著音樂轉動韻律球，持續一小節樂曲的時間。

(3)換成以左手手指把球體向左轉動，右手控球。隨著樂曲，兩手手指一起把球向左邊轉動。持續一小節樂曲的時間。

(4)「手指控球」是訓練手指末梢神經最簡單、有效的個人化運動，只要隨身攜帶一顆輕巧的軟球，隨時都可以練習。剛開始練習時，手部會覺得僵硬，很容易疲倦，可透過團體動力、搭配輕快的樂曲，以延長練習的時間。每次練習最好能引導長輩持續練習一首歌曲的時間。

4.雙手韻律傳球

首先在學員輪椅上鋪上一塊有邊框的木板（避免球掉落地面），讓學員用單手或雙手在木板框內移動彈力球。儘量示範並鼓勵長輩用「手指頭」來推動球體，讓球體在左右手之間來回移動（圖四）。

5.雙手8字運球

(1)兩個手掌一起運球，先把球推向右上方，再推向右下方，再跨過身體中線推向左上方、左下方，再回到身體中線。依序練習，如圖五。

(2)兩個手掌一起運球，換成從左上方開始，依序把球推向左下方；再跨過身體中線推向右上方、右下方。回到身體中線，再從左上方開始。儘量示範並鼓勵長輩

圖四　雙手韻律傳球

圖五　雙手8字運球

用「手指頭」來推動球體。

⊙引導者貼心提醒

1. 這個系列的活動可以改善學員手部末梢血液循環和功能，對大腦的平衡感、身體能量的提升，也很有幫助。每天都應該練習至少5分鐘。
2. 個子小的長輩，雙手在輪椅和木板上的迴旋空間不大，因此需使用較小的彈力球，比較不會造成手部的壓力。
3. 這些活動都可採取團體競賽，大約4～5人一組，由個別長輩依序完成二個八拍的單一活動，依序進行。如此，長輩們既不至於太累，又可以感受到團體的歡樂氣氛。

單元名稱 6

口腔律動操

⊙活動目的

1.改善高齡者呼吸不順暢的問題，增加肺活量。

2.增加長輩唾液分泌量，進行口腔預防保健。

3.協助中風病人臉部肌肉和口腔機能復健。

4.有效減少中高齡者臉部的法令紋。

⊙空間與器材規劃

材質較軟的中型保特瓶。

⊙活動階段

1.臉頰暖身動作

(1)播放輕鬆、節奏明確的樂曲，引導長輩隨著音樂律動輕輕擺動頭部和頸部，先做前後擺動、再進行左右擺動。可提醒長輩輕輕閉上眼睛，放心地聆聽音樂的優美旋律並自然地搖動身體。大約一個小節的樂曲時間（圖一）。

(2)兩手食指分別放置在兩邊耳朵的後面，中指、無名指放置在臉頰兩邊太陽穴附近，兩手同時上下按壓搓揉，讓臉頰的肌肉放鬆。

(3)閉上嘴巴，讓兩邊臉頰鼓起，以雙手輕輕拍打雙頰。至少做1分鐘。

圖一　暖身擺動

2.口腔律動

(1)閉上嘴巴，讓兩邊臉頰用力鼓起，再用力收縮兩邊臉頰，讓兩邊臉頰儘量凹陷。至少做20次（圖二）。

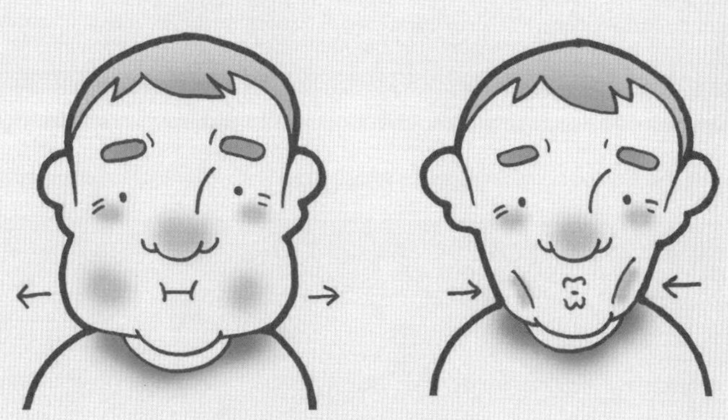

圖二　吸吐氣練習

(2)為長輩準備一個材質較軟、乾淨的中型寶特瓶，讓長輩雙手輕握寶特瓶，嘴巴緊密含住瓶口，先用力往瓶內吹氣，讓兩邊臉頰充分鼓起來，數數「1.2」；接著用力吸氣至瓶身呈扁平狀，數數「3.4」。連續吸吐10次就要休息1分鐘（圖三）。

(3)長期練習後，可增加吸吐的時間，讓臉頰保持鼓起和凹陷的時間拉長為四拍。

(4)練習時，建議配合長輩喜愛的音樂，並採團體分組輪流進行，增添活動的趣味性，才能鼓勵長輩持續操作。

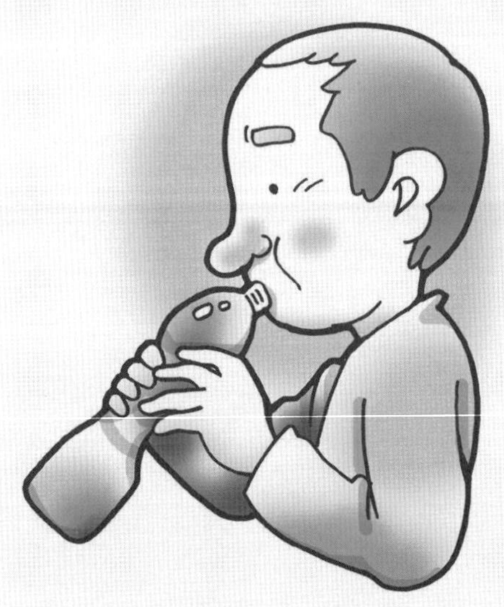

圖三　吸吐律動

延伸閱讀

人體任何一種機能的存在都有它的意義，人體口腔黏膜（mucosa）所分泌的黏膜液含有「免疫球蛋白」（IgA），具有殺菌作用，是人體免疫系統的一部分。隨著年齡增長，高齡者的唾液分泌功能會逐漸降低，除了影響消化道功能，也會影響口腔的健康和自體免疫力。中國古老智慧《本草綱目》很早就提出：唾液除了激素對全身代謝有廣泛的影響，和個體的衰老程度有密切的關係。因此，自古以來，「攪海」、「漱津」和「叩齒」就是長生不老的養生功夫。

如果長輩因為輕微的中風導致口腔的自主能力降低，口腔的保健工作就更加困難。因此，照顧者必須更加細心和用心，督促長輩每日進行口腔律動操，才能減緩口腔功能的衰退情形。本活動適合各類高齡者每天持之以恆的練習，牙齒咀嚼功能不佳的長輩，可增加練習的次數和時間。事實上，已有研究指出，如果口腔衛生習慣差，且未定期做口腔衛生檢查，有16%的老人會導致肺炎（摘自林詩淳、蔡坤維、將瑞坤、范國聖，2008）。

日本著名的腦神經外科醫師長田裕先生所推廣的「三指揉臉操」，主張人體主要穴道都與神經皮節相連，因此臉部很多穴道的按壓是開啟人體自我療癒力的關鍵（鄭世彬譯，2014）。「三指揉臉操」強調臉部五大基本區塊：眉上、眼下、口上、口下、耳前。其中，口唇部位就有兩個重要的穴道點。可見人體的口唇部、口腔內部，都是高齡者健康照護

的重點。

事實上，根據人體「大腦地圖」的概念，人類大腦皮質所管控的身體區域以手腳末梢、嘴巴和生殖器的面積最廣（圖四）。「語言表達能力」也是最不容易隨著年齡增長而退化的個體認知功能之一，因此，無論是否有半側失能或口腔退化情形，「口腔律動操」對中高齡者身心健康的維持都非常重要（摘自秦秀蘭，2012）。

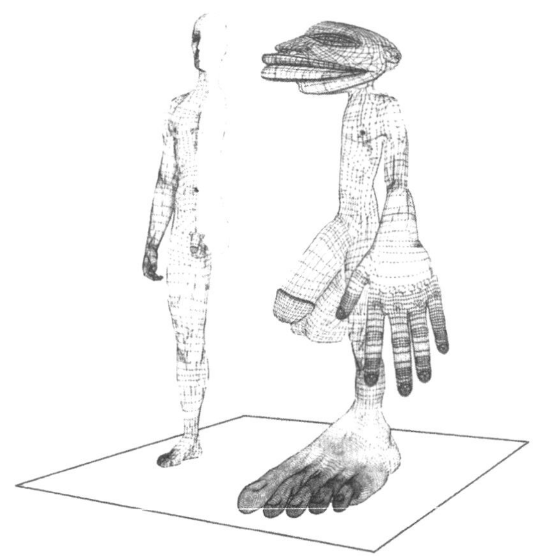

圖四　大腦身體地圖

資料來源：摘自秦秀蘭（2012）

目前國內已有許多研究者和實務工作者，引進日本的「健口操」，修改為「口腔健康操」，並且積極在各類老人照顧機構推廣，都有很好的績效。每一個活動設計大同小異，主要包括幾個部分：肩膀體操、頭部體操、臉部體操、唾液腺按摩（耳下腺、顎下腺、舌下腺等）、舌頭體操和發音練習等。相關的教學影片可至下列網站下載：

(1) https://www.youtube.com/watch?v=OT0MV72rwVU

(2) https://www.youtube.com/watch?v=j-WqZcXs0NM

單元名稱 7 起床律動操

⊙活動目的

1.促進失能高齡者身體能量的整合。

2.提升失能高齡者左右腦的平衡，減少高齡者跌倒傷害。

⊙活動階段

1.同側手腳抓握

保持臥床姿勢（如果就寢的枕頭高度較高，建議把枕頭移開），兩手自然舉起前伸，右手手掌和右腳腳趾同時用力抓握；再換成左手手掌和左腳腳趾同時用力抓握。交替進行共30次以上。抓握的速度不要太快，儘量讓每個手指關節都溫暖起來。

2.腳踝律動

兩腳自然伸直，兩個腳掌同時向右旋轉10次；接著兩個腳掌同時向左旋轉10次。旋轉的幅度越大越好，如果時間允許，可多做10次。

3.腳掌律動

保持平躺姿勢，兩腳腳跟靠攏，左右腳的腳趾部分用力向中央相互敲打，至少敲打50次以上；以100次為佳（圖一）。

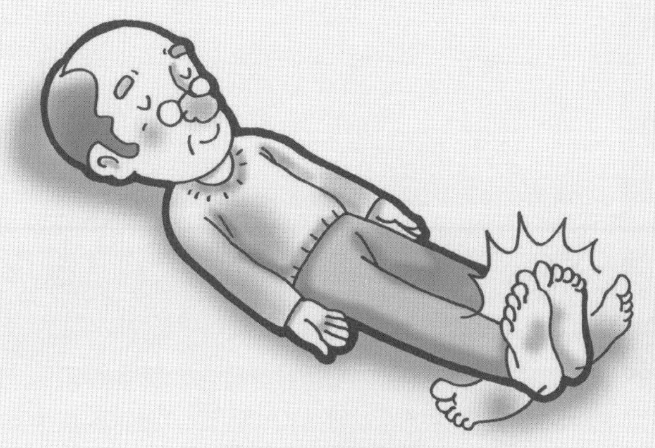

圖一　腳掌律動

4.仰式異側爬行

(1)保持平躺姿勢，右手手臂往頭部方向抬起，左腳膝蓋同時往頭部方向抬起；接著換左手手臂往頭部方向抬起，右腳膝蓋同時往頭部方向抬起（圖二）。交互進行，至少20次。

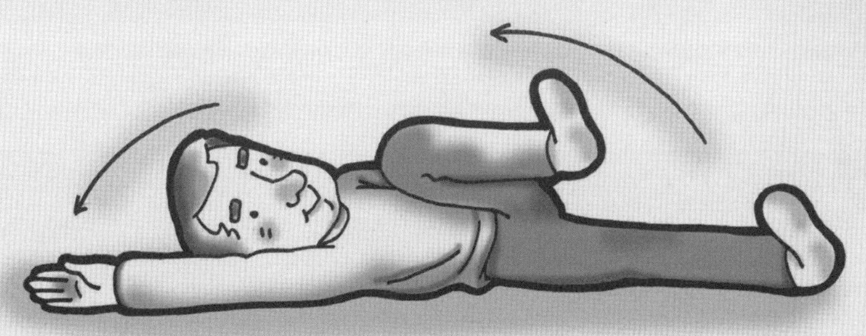

圖二　仰式異側爬行

(2)接著加大動作，頭頸部稍稍抬起，左腳膝蓋抬起時往身體右邊移動，同時抬起右手，讓右手手肘或手腕碰觸左腳膝蓋部分。換成右腳膝蓋抬起時往身體左邊移動，讓左手手肘或手腕碰觸右腳膝蓋部分。

延伸閱讀

為了防止高齡者跌倒，目前都鼓勵高齡者要掌握下床前的「三個半分鐘」，以降低高齡者跌倒機率，因此將本設計稱為「起床律動操」。照顧機構工作人員如果能透過示範、鼓勵、記錄、獎勵，引導全體機構長輩下床前先做一遍起床律動操，可以有效降低長輩的跌倒情形，也能激發長輩體內的生物共振波。一舉數得，非常值得大力推動。

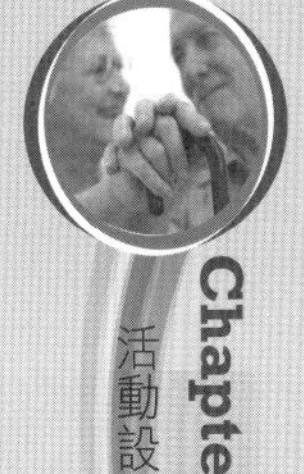

全身腦波振動

⊙活動目的

1.形成和諧腦波，達到左右腦共頻狀態，提升身體的自我療癒功能。

2.紓解身體的壓力和僵硬感，激活大腦的功能。

⊙空間與器材規劃

1.個別體驗與練習，站姿、坐姿皆可。

2.節奏明快的音樂，以非洲或原住民的音樂或節奏明快的鼓聲為佳。

⊙活動階段

1.站姿引導

(1)邀請參與者兩腳分開站立，與肩同寬；膝蓋微微彎曲，方便臀部上下擺動，手臂自然下垂，讓身體完全放鬆。接著自然地閉上眼睛、進行三次的深呼吸引導，讓身體一次比一次更加放鬆。

(2)從臀部開始上下地彈動，隨著身體的韻律自然地擺動。專注地吐氣並釋放身體內部的緊張壓力。持續彈動5分鐘以上，直到身體完全的放鬆，如圖一。

(3)覺得完全放鬆時，開始依照自己的律動來搖擺身體。搖擺身體時，沒有對或錯，依照自己感覺到最自然、最舒服的方式來擺動。可持續2～3分鐘。

圖一　全身垂直律動

(4)隨著練習次數的增加，把自己帶入更深的律動中，讓這種律動傳遍全身，同時依照自己的需求改變擺動的姿勢。也可以自然地跳起舞來！完全的享受身體擺動所帶來的樂趣和放鬆感覺。

(5)結束後，輕輕地甩甩手腳，深深的吸氣和吐氣，把汗擦乾並用手掌按摩臉部和肩頸部分。

2.坐姿引導

無法站立的長輩，可坐在椅子上，從頭部開始，隨著音樂的律動擺動肩頸部，進而擺動上半身。擺動時不必在乎擺

動幅度的大小，只要身體的律動形成共振頻率，就可以有效激活體內的生物共振波，促進血液循環，改善長輩長期僵硬的肢體。基本的引導技巧可參考律動初階部分的「放鬆搖擺」。

⊙引導者貼心提醒

1. 本活動的練習時間，初次練習以10～15分鐘為佳，可以持續到25分鐘或30分鐘。
2. 現代人因為用腦過度，很容易造成腦部過熱、丹田冰冷，是一種不健康的能量狀態，導致經常頭暈、不舒服。因此練習時容易有頭暈現象。此時可以提醒學員輕輕搖擺身體，用自己的雙手手掌用力拍打腹部，讓丹田溫熱起來，使身體達到「水火即濟」的平衡狀態（即頭部清涼和丹田溫熱），深呼吸幾次後再開始練習。
3. 剛拍打腹部時，律動的擺度不要太大，可靠牆面站好，防止跌倒。

延伸閱讀

有規律的腦波可以活化腦部的各種功能，維持健康的腦波，才能激活身體細胞的正常功能和自癒功能。全身的腦波振動是全身性放鬆的最好方法，「和諧的腦波」讓我們的左右腦達到共頻狀態，腦波處於α波狀態，使身體充滿新鮮的氧氣和能量。

全身腦波振動的目的是要產生完全的放鬆感，以及平靜的心理狀態（Lee, 2008）。近年來由國外引進的「全身律動機」，已證實和諧共頻的律動，不僅可以促進體內血液循環，只要振動頻率達到一定程度，還可以增加骨質密度、改善帕金森氏症、增加體內的各種賀爾蒙分泌等多種療效（簡志龍，2013；Benefitof, 2014）。

生命律動的自我覺察

⊙活動目的

1. 體會身體內在自然的律動，激發身體自我療癒能力。
2. 鼓勵高齡者往內探詢，傾聽自己內在的聲音，隨時擁有發自內在的喜悅感。

⊙空間與器材規劃

1. 採取坐姿，團體進行的格式不居。
2. 節奏明顯的音樂（不含歌詞較佳），選擇節奏大約每一秒一次或每二秒鐘一次者為佳。

⊙活動階段

1. 自體律動的覺察
   (1)邀請每一位高齡者以左手在身體的不同位置尋找身體最強的脈動（動脈的搏動）點，包括心臟四周、頸動脈、太陽穴等都非常適合。
   (2)引導者來回走動，鼓勵高齡者嘗試碰觸身體不同的脈動點，多一些等待時間，讓高齡者有足夠的時間體會這些律動的強弱程度。
   (3)確定所有高齡者都找到自己認為可以清晰覺察的脈動點後。邀請高齡者將右手平放在大腿上或桌上，有規律的輕握手指頭，同時刻意地讓手指的律動頻率與脈動點上的律動頻率同步。亦即，藉由手指的律動頻

率，回應左手在身體脈動點所覺察到的律動頻率（圖一）。

圖一　身體律動的覺察

(4)引導高齡者自由回答下列任何1～2個問題：

「可以感覺到自己體內的脈動嗎？」

「這種脈動清楚嗎？」

「您發現那個脈動點的律動最強？」

「您覺得自己的手部的律動和脈動點的律動配合得好嗎？」

2.身體自然律動的引發

(1)待高齡者都能找到自己的脈動點，並熟悉自體律動的頻率後，邀請高齡者放開左手，不再按壓脈動點；但是右手仍然有規律的輕握手指頭，保持剛才的律動頻率。接著請他們把頭部輕輕往後擺動，再讓頭部回正，每次頭部擺動、回正的速度要和右手的手指輕握頻率相符。亦即，以頭部擺動回應手指的輕握頻率（圖二）。

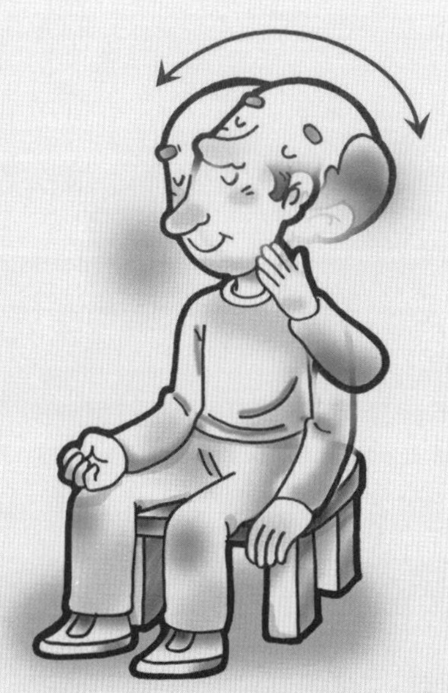

圖二　擺動頭部以呼應手指律動頻率

(2)一旦手指的律動頻率與脈動點上的律動頻率同步，就能專注地體驗頭部的擺動。可提醒高齡者鬆開右手，輕輕閉上眼睛，持續放鬆，同時在心裡默數「1.2.3……」，本階段練習時間以2分鐘為宜，大約擺動120次。

(3)待高齡者能夠順利地以頭部擺動來回應手指的律動，必須詢問他們是否有頭暈的情形。一般而言，高齡者如果長期睡眠品質不佳，缺乏運動，腦內二氧化碳濃度較高，剛開始體驗頭部擺動時容易有暈眩情形，可放慢速度，並鼓勵長輩每天起床前練習本書所設計的「起床律動操」。或者經常用自己的雙手手掌用力拍打腹部，讓丹田溫熱起來，使身體達到「水火即濟」的平衡狀態。

⊙引導者貼心提醒

提醒參與者回到家裡就寢時，可以試著用左手用力按壓自己的肚臍眼，感受來自體內清晰且強烈的脈動，同時以右手手指的律動來回應這種脈動。因為人體的肚臍眼位在我們的「任脈」穴線上，其中「神闕」是重要的穴位，脈動非常清晰。這個練習也可以改善長期失眠問題。

延伸閱讀

根據「額葉老化的假設」研究，和大腦額葉區相關越密切的認知功能，越依賴大腦額葉的認知運作機制，越容易隨著年齡增加而下降。老年期以後，額葉皮質因為年齡增加所造成的損傷主要包括：工作記憶效能降低、專注力和注意力不足、推理能力降低、認知處理速度變慢、對外界干擾訊息越來越敏感、自我控制能力變差等。因此，高齡者的「自我覺察」和「自我掌控」都是維繫高齡認知功能的關鍵因素（秦秀蘭，2012）。

二、能量類

能量初階	八爪章魚、足部活化
	左右拉弓、神射手
	跨越中線・重塑大腦
	高齡者異側爬行
	芳香律動滿庭香
能量進階	立姿異側爬行
	腦迴路均衡一下
	終極大腦體操——8字韻律操

八爪章魚・足部活化

⊙活動目的

1.促進失能高齡者身體能量的整合。

2.提升失能高齡者左右腦的平衡。

⊙空間與器材規劃

1.個別體驗者，適用於無法久站或以輪椅代步者。

2.設計一個有立體邊框的簡易8字律動板（圖一）。

3.小型韻律球，直徑在10～14公分為佳，球太小不利於長輩控球，容易產生挫折感。

圖一　簡易8字律動板（約60cmX45cm）

⊙活動階段

(一)無法站立，但足部靈活者

1.腳趾暖身動作

(1)先進行腳趾暖身動作，雙腳腳趾用力抓握，數數1.2；再用力張開，數數3.4，依序進行，至少連續四個八拍（兩手手掌可和腳掌可一起抓握）。

(2)雙腳腳板同時向內側相互用力拍打，數數1.2.3.4……至少拍打四個八拍（或拍打30下）。

2.足部水平控球

運用兩個腳掌在有立體邊框的平板上運球，把小韻律球放置在地板上，請長輩用右腳把球帶向左邊（不可以用踢的），再由左腳把球帶向右邊。左右來回運球，至少進行八個八拍。

3.足部8字控球

(1)同樣在有立體邊框的平板上運球，把小韻律球放置在地板上，讓長輩用雙腳腳趾移動彈力球。先把球陸續推向右上方、右下方，再跨過中線推向左上方、左下方，再回到中線，依序練習（圖二）。不僅可以改善學員足部功能，對大腦的平衡感、身體能量的提升，都很有幫助。至少進行八個八拍。

(2)繼續讓學員用雙腳移動彈力球，這次先把球陸續推向左上方、左下方，再跨過中線推向右上方、右下方，再回到中線，依序練習。至少進行八個八拍。可以播

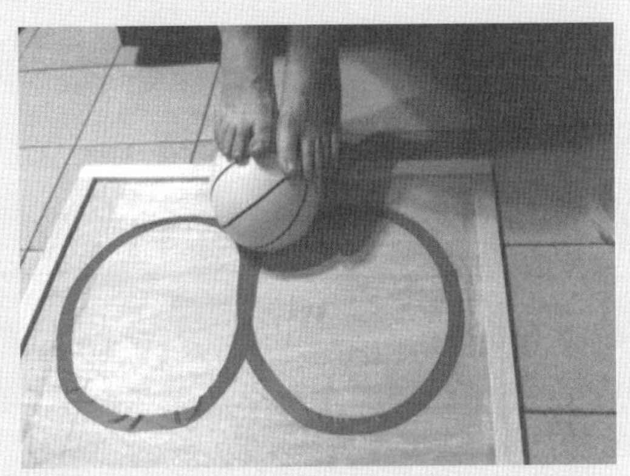

圖二　足部8字控球

放樂曲，或者帶著長輩數數。

(二)以輪椅代步，足部無法碰觸地面者

如果是坐輪椅、雙腳無法移動的長輩，可以使用小彈力球，改做「手部8字控球」。首先在學員腿上鋪上一塊有框邊的木板（避免球掉落地面），讓學員用單手或雙手在木板框內移動彈力球。先把球陸續推向右上方、右下方，再跨過中線推向左上方、左下方，再回到中線，依序練習。不僅可以改善學員手部功能，對大腦的平衡感、身體能量的提升，都很有幫助。詳細引導可參考律動類雙手控球中的「雙手8字運球」

⊙引導者貼心提醒

因為製作有框邊的木板較為費心，每個機構只需製作5～6片，讓長輩輪流使用，既可讓長輩感受團體活動的歡樂氛圍，也可避免長輩過於疲累。由一組長輩完成4次八字型足部控球

後，換其他組別進行。長輩不至於太累，又可以感受到團體的歡樂氣氛。

延伸閱讀

根據人體神經生理上「先進後出」的演化原則，人體的手掌和腳掌部分都是較早發展的部位，因此只要維護得當，人體手掌和腳掌的生理功能應該較晚退化。然而長輩一旦以輪椅代步，或者久坐不動，手掌和腳掌部分的功能都會因為血液循環不佳，快速退化，變得僵硬或腫脹，對長輩的健康有非常負面的影響。建議照顧服務員或護理人員將手部和足部的團體活動列入每日的活動課程，並針對個別長輩的活動情形加以記錄，既有團體活動的效能，也是一種有效的復健活動。

延伸閱讀

最新的復健計畫稱為「限制運動」，限制中風病人只能使用不靈活的手或腳，激發「壞」的神經細胞和「好」的神經細胞一起發射，可以重新建立神經之間的連線。因此，即使是中風或臥床的高齡者，也可以透過運動或學習，激活大腦神經細胞（摘自秦秀蘭，2012）。

如果長輩的單側手腳失能，可以用有一點彈性的布條，將長輩兩個腳踝部分輕輕綁在一起，仍然讓長輩跟隨大家，用雙腳慢慢推球，就是最好的復健。

單元名稱 2 左右拉弓．神射手

⊙活動目的

1.改善長輩單側手腳失能情形。

2.提升個體的大腦側化與平衡感功能。

3.整合大腦左右側的能量，提升個體身體的平衡感。

⊙空間與器材規劃

1.雙把彈力拉桿，有無彈性皆可（圖一）。

2.節奏明確、清楚的音樂，以單純音樂為佳，避免對長輩造成不必要的干擾。

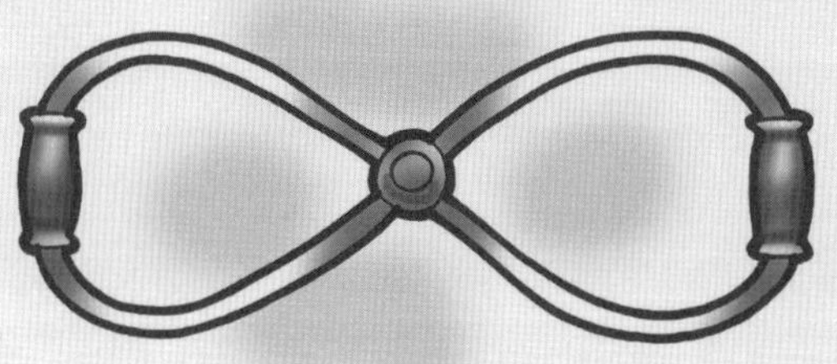

圖一　雙把彈力拉桿

⊙活動階段

1.擴胸律動

(1)協助長輩雙手握住「雙把彈力拉桿」左右手分別往兩邊用力拉開。

(2)帶著長輩們自己數數，雙手往外拉開，數1；雙手放鬆讓拉桿回歸身體中央，數2，依序數數「1.2.3.4.5.6.7.8；2.2.3.4.5.6.7.8……」，至少做八個八拍。

2.左右8字型拉弓

(1)協助長輩雙手握住「雙把彈力拉桿」，從右邊開始，右手往右前方伸直，左手彎曲像拉弓一樣放在胸前位置，一起數數「1.2」；換左邊，左手往左前方伸直，右手彎曲像拉弓一樣放在胸前位置，一起數數「3.4」。再依序數數，用力拉弓，幅度越大越好（圖二）。

圖二　左右拉弓

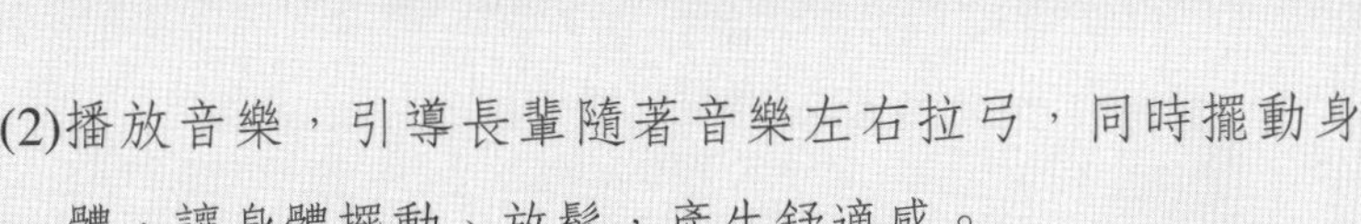

(2)播放音樂，引導長輩隨著音樂左右拉弓，同時擺動身體，讓身體擺動、放鬆，產生舒適感。

(3)如果長輩的左右手無法完全展開，照顧者要協助長輩將「雙把彈力拉桿」對折使用，讓長輩一手握住兩個手環部分，一手握住中央黑色支點，非常適合手腳僵化的長輩練習。

3.神射手就位

一旦長輩能夠隨著律動音樂左右8字拉弓，再引導長輩把右手臂抬到最高位置，同時頭部隨著手臂向右擺動，讓眼睛可以看到右手手掌；左手則彎曲放在胸前位置，一起數數「1.2.3.4」，數到4時稍為停頓，雙手往回輕拉。依序換成左手往上拉弓，頭部向左擺動，看著左手；右手靠在胸前，一起數數「5.6.7.8」，數到8時也要稍微停頓，雙手往回輕拉。練習神射手動作時，數數的速度要放慢一些些。練習一次後，可播放音樂再做一次。

⊙引導者貼心提醒

1.這個活動不僅可以改善學員手部功能，對大腦的平衡感、身體能量的提升，都很有幫助。每天都應該練習至少5分鐘。

2.如果長輩手部僵化無法移動，可由照顧者協助握住拉桿的一邊，讓長輩兩手同時握住拉桿的一側，長輩比較有安全感。從單側上肢平舉開始，再逐漸抬高手臂的高度和水平距離。

3.練習時以團體活動為主，讓長輩感受團體活動的歡樂氣氛，才能鼓勵長輩持續練習。

延伸閱讀

我們常說一個人「心都死了，沒有回應了」（broken spirit），不只是一種譬喻的說法，而是一種心理與生理上的真實狀態。精神狀態的破損，就是一種身體完整能量體系的破損。因此，無論日照中心或各類老人照顧機構，透過高齡團體的參與，鼓勵長輩進行「主動式」運動，都能夠帶給長輩歡樂，是高齡健康照護工作中非常重要的一環。

跨越中線・重塑大腦

⊙活動目的

1.改善長輩單側手腳失能情形。

2.整合大腦左右側的能量，提升個體身體的平衡感。

⊙空間與器材規劃

1.個別體驗，完全適用於以輪椅代步者。

2.雙把彈力拉桿，有無彈性皆可。

⊙活動階段

1.腿部彈跳

(1)協助長輩雙手握住「雙把彈力拉桿」的兩端把手，往前套住自己的兩個膝蓋，讓兩個膝蓋自然靠攏並抵住拉桿的中央。

(2)帶領長輩兩腳一起往上、往內側抬起，同時雙手用力往上拉，協助腿部順利往上抬起（圖一）。一邊數數「1.2，3.4」，每兩拍為一個循環動作，依序進行。至少做八個八拍。

(3)帶領長輩提起拉桿時，雙手儘量往身體的兩邊擺動，可增加活動的樂趣和舒適感覺。

(4)播放音樂，再次帶領長輩拉桿、抬腿，抬腿時可同時放鬆地搖動身體。務必讓整個拉桿、抬腿、放下，形成一個循環的律動。一旦長輩可以放鬆地搖擺身體，

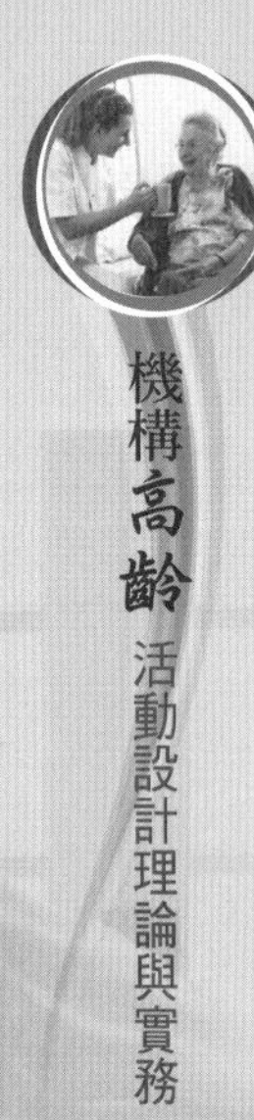

圖一　腿部彈跳

可邀請他們閉上眼睛，讓身體隨著律動音樂搖擺。

(5)單側手腳無法移動的長輩，可協助他們將不方便單側下肢的腳踝部分放在健康單側下肢的腳踝上，一起抬起。這些動作需要長輩相當大的專注力和毅力，因此必須透過團體活動來進行，並隨時給他們加油鼓勵。

2.單側拉桿

(1)協助長輩右手（或從健康手開始）握住「雙把彈力拉桿」的一個把手，另一端則放到地面上，套住左腳（或另一側）的腳掌部分，手腳同時往上抬起，如果腳步抬起的力道不足，手臂要多用力些。每兩拍為一

個循環動作，至少做八個八拍。

(2)手腳同時往上抬起的動作可分為兩個階段：

＊腳部直接往上抬起來（腳趾向上），先做一個八拍。

＊將腳部往身體另一側上抬高，讓腿部跨越身體的中線，做一個八拍。兩個方向輪流進行，至少連續做八個八拍（圖二）。

(3)換成左手握住拉桿的一個把手，另一端套住右腳的腳掌部分，手腳同時往上抬起。先往上抬起，再跨越身體另一側。至少連續做八個八拍。

圖二　單側拉桿，往上

⊙引導者貼心提醒

1.長期以輪椅代步的長輩腿部肌肉會快速弱化，透過「雙把彈力拉桿」幫助，長輩可以從不同方向移動自己的腿部，甚至進行小幅度的「異側爬行」活動。只要將單側腿部抬高，碰觸另一側的手掌或手肘，對腿部的靈活度、大腦平衡性都很有幫助。

2.本活動既屬於復健型個別活動，也屬於功能型團體活動。建議每天下午都能進行至少10分鐘的跨越中線團體律動。

延伸閱讀

美國老布希總統在任時就將1990年代命名為「大腦時代」，大腦是心靈的具體表現，是心靈得以發揮功能的器官。大腦的迴路可能因為手指撥動琴弦而改變，可能因截肢或中風而改變，也可能因習慣於某種語言的音素而改變。亦即大腦迴路會因為感覺訊息的改變而改變，其中「專注」是造成改變的動力。因為大腦反映的是物質與心理的互動結果，「專注力」不僅選擇了心理活動的方向，也會讓神經迴路發生系統性的改變（張美惠譯，2003）。

因此要相信：「只要用心、專注，任何人都有可能重塑大腦，重拾健康的身體」。

單元名稱 4 高齡者異側爬行

⊙活動目的

1.提升個體的大側化與平衡感功能。

2.可快速提升個體身體的能量。

⊙空間與器材規劃

1.個別體驗或團體皆可，採站姿或坐姿。

2.穩定度高、有靠背的座椅。

⊙活動階段

1.單手平衡律動

(1)準備一首節奏較輕快的音樂，以單純音樂為佳，不要有歌詞，避免造成高齡者不必要的干擾。

(2)長期坐立，無法獨自站立的高齡者，可以讓長輩雙手扶握在椅背上，先將右手舉高，左腳向左後方抬起，幅度越大越好。抬起的左腳如果能夠向身體右邊輕輕擺動，再恢復站姿，效果更好。

(3)接著將左手舉高，右腳向右後方抬起。同時儘量讓右腳向身體左邊輕輕擺動一下，再恢復站姿（圖一）。

(4)這個單手平衡律動非常簡單、安全，非常適合作為居家長輩和日照中心長輩的固定活動。

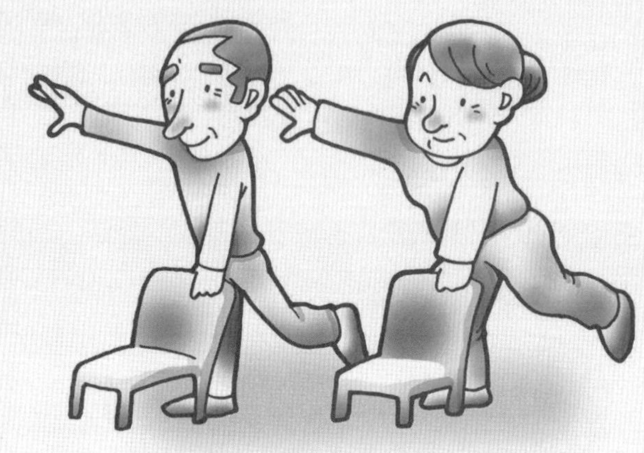

圖一　單手平衡律動

2.坐姿異側爬行

無法久站的學員可以坐下來，從右邊開始，右手往前伸直，左腳抬起，以右手碰觸左腳膝蓋或小腿，甚至腳尖。接著換左手往前伸直，碰觸右腳膝蓋或小腿或腳尖部分（圖二）。

3.輪椅高齡者異側爬行

長期坐在輪椅的長輩，因為缺乏「異側爬行」的機會，身體能量流失得很快。只需邀請長輩舉起右手，同時抬起左腿，儘量將左邊的膝蓋靠到右手的手肘處；再舉起左手，儘量將右邊的膝蓋靠到左手的手肘處（圖三）。配合緩慢的音樂，連續做10次以上。

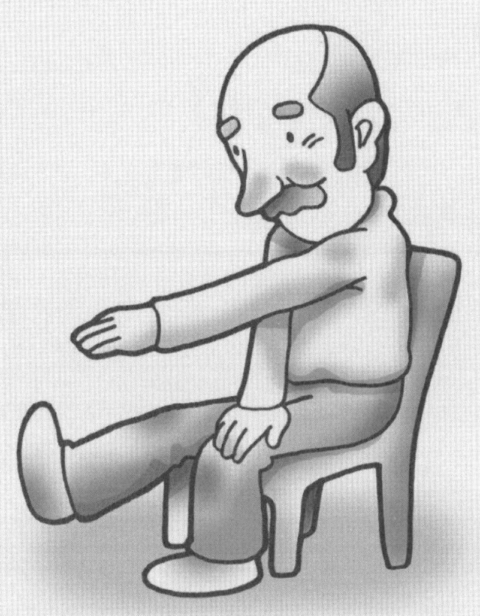

圖二　坐姿異側爬行

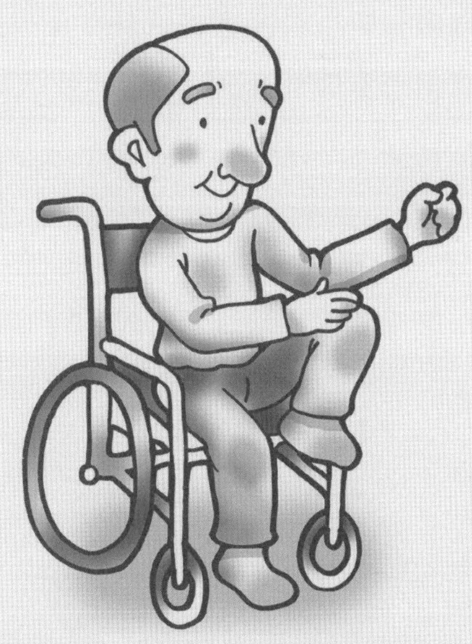

圖三　輪椅高齡者異側爬行

⊙引導者貼心提醒

即使是這樣簡單的動作，對許多長輩可能都相當困難，但是卻可以讓身體能量快速回到平衡的狀態，減少長輩的疲倦感。因此引導時，要多些耐心，協助長輩漸次的抬高腿部肌肉，務必要跨過身體中線，如果能夠配合長輩熟悉的老歌，讓長輩邊唱歌、邊做交叉爬行，會是一個非常愉悅、有趣的認知訓練和肢體律動。

延伸閱讀

古老智慧卡巴拉告訴我們：「唯一能讓我們學會各種知識的方法，就是『強烈的想要學習它，並且和他人共享』」。只要我們相信「高齡者也有終身學習的權利」，就有能力為他們開創學習的機會。

單元名稱 5 芳香律動滿庭香

⊙活動目的

1. 喚醒高齡者的嗅覺細胞，改善高齡者味覺，提升生活的品質。
2. 激活高齡者嗅覺系統，維持嗅覺的保衛功能，提升自我療癒能力。

⊙空間與器材規劃

1. 節奏輕柔的音樂。
2. 中型以上的水氧機（含香精）或薰香設備。

⊙活動階段

1. 嗅覺能影響人的認知與情緒，芳香療法是藉由嗅覺作用在邊緣系統與腦部引發各類情緒；接透過下視丘調節與轉換訊息，再送到腦部的其他部位。因此藉由嗅覺的腦神經系統傳達訊息，達到控制血壓、呼吸、心跳、心理壓力、記憶及賀爾蒙協調等影響神經、心理、生理與行為的效果（蘇貞瑛，2012）。
2. 設置薰香或水氧機

   準備中型以上的水氧機，或薰香爐，剛開始可以使用大眾化的薰衣草或柑橘類的精油，非常適合高齡者。

3.放鬆搖擺

(1)一邊播放輕柔的音樂，一邊引導長輩閉上眼睛，隨著音樂律動輕輕擺動上身。擺動的方向和幅度可隨意調整，可先從頭部前後擺動開始，把頭部輕輕往後擺動，會自然回正（圖一）。

圖一　放鬆搖擺

(2)不斷地透過引導語，提醒長輩深深的吸氣後再慢慢地吐氣。

4.摩擦鼻翼兩旁迎香穴

迎香穴位於鼻翼兩側（圖二）。以兩手中指指腹施力，從迎香穴開始，沿著鼻翼上下往返摩擦，適當用力摩擦約2分鐘（圖三）。

圖二　迎香穴位置

圖三　摩擦鼻翼兩旁迎香穴

⊙引導者貼心提醒

高齡者嗅覺的退化通常較味覺要早一些，因此面對身體逐漸衰退的長輩，透過愉悅的芳香療法和按摩，可以增加用餐的效益。但是，單純的施放薰香或水氧機無法激活長輩的嗅覺細胞。必須透過一些放鬆引導、穴道按摩，才有真正的療效。

由於嗅覺的退化，香氣或特殊的氣味對高齡者的進食、身心療癒效果更為明顯，只是經常被忽略。如果時間和空間允許，每週可安排一次手工麵包或點心製作時間，讓整個機構充滿麵包或蛋糕的香氣。此時，即使是臥床無法參與的長輩，都可以透過嗅覺，喚起過去的記憶，回想過去精采的家人生活，也是一種另類的芳香療法。

延伸閱讀

嗅覺不只是人體保衛系統的前哨站，也會決定個體的「味覺」經驗，人類用餐的味覺經驗相當高的程度是由嗅覺決定的。事實上，無論用餐前或用餐時，嗅覺都會和味覺發生複雜的交互作用。嗅覺是一種相對原始、古老的知覺，無論是昆蟲等低等動物或高等動物的人類，嗅覺在生命繁衍和學習記憶上都扮演著舉足輕重的角色。嗅覺也是人體保衛系統的前哨站，例如，各種腐敗的食物、汙濁有毒的空氣，都會因為嗅覺的過濾，讓我們免於受到進一步的危害，所以嗅覺相當於我們人體的「警衛」角色。

和人體其他器官比起來，嗅覺器官相對的較小，例如，每個鼻孔的表面積大約只有一平方公分。而且，隨著年齡的增加，嗅覺器官的表面積會越來越小。一般而言，因為外傷或感染所造成的嗅覺傷害，一旦病原體消失或傷害痊癒，嗅覺會自動恢復。但是，嗅覺的退化卻經常與某些疾病有高度相關，例如糖尿病、巴金森氏症、阿茲海默症，這些病人的嗅覺會有嚴重退化的情形（洪慧娟譯，2001）。

機構內的長輩一旦嗅覺退化，除了造成個人日常衛生的困擾，也可能因為嗅覺的退化，缺乏進食的動機和樂趣，影響身體健康。因此透過芳香療法或薰香，可以激活高齡者嗅覺系統，同時讓身心放鬆，提升生活幸福感。

單元名稱 6 立姿異側爬行

⊙活動目的

1.提升個體的大側化與平衡感功能。

2.可快速提升個體身體的能量。

⊙空間與器材規劃

1.個別體驗或團體皆可，採站姿。著平底鞋或赤足較佳。

2.每個人最好可以站在木地板或軟墊上，提升生理、心理的舒適度。

⊙活動階段

1.太空漫步

播放音樂，音量不要太大，邀請所有參與者起立，在舒適的空間裡自由、慢慢地走動。大約30秒後請參與者加大手腳擺動的動作，大約1～2分鐘。邀請學員感受自己手腳的協調情形。

2.交叉爬行

(1)邀請學員停止漫步，站在原地上。播放同樣的音樂，但放大音量。請學員加大手腳擺動的幅度，同步抬高右手和左腿，放下後，再同步抬起左手和右腿，帶著愉悅的心情連續做至少1分鐘（大約30～40次）。持續動作時保持深呼吸（圖一）。

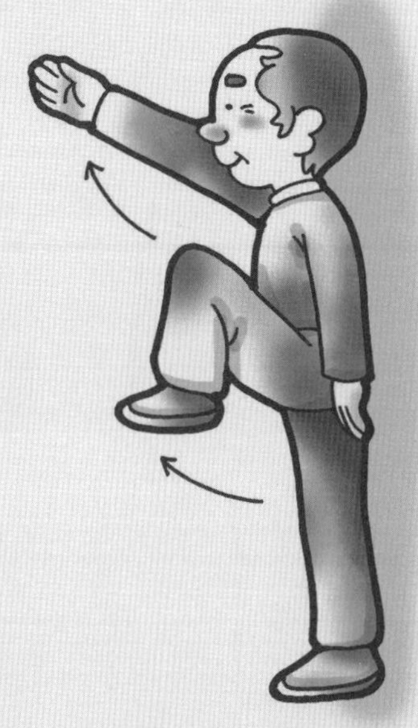

圖一　立姿異側爬行

(2)邀請參與者自由發言，說出身體的感覺。

(3)解釋同時舉起右手、左腿，再接著舉起左手、右腿，是一種「異側爬行」或稱「交叉爬行」。是人類最自然的運動姿勢。

3.跨越中線

(1)播放同樣的音樂，邀請參與者保持站立，同時抬起右手和左腿，但加大幅度，讓手和腿跨越身體的中線，甚至跨到身體的另一側。連續做至少1分鐘（大約30次）（圖二）。

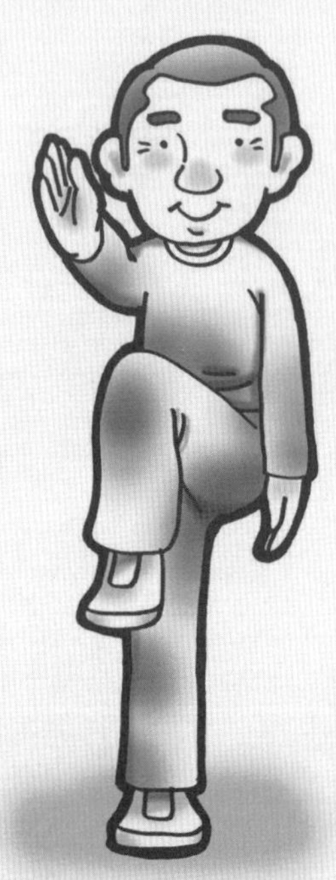

圖二　立姿跨越中線

(2)播放較輕快的音樂，邀請學員再做一次跨越中線的擺動，但加快動作，同時注意身體擺動和音樂律動的關係。至少1分鐘以上。

4.學習反思時間

趁著學員休息時間，可詢問學員：「每一次交叉爬行的感覺有什麼不同？」、「日常生活中如果有人讓我們無法招架或氣餒，我們通常會雙臂在胸前交叉，這代表什麼意義呢？」

⊙引導者貼心提醒

1.本體驗活動可安排在各種研習的中間休息時間，可以讓學員身體快速充滿能量。

2.看似自然的走路或踏步卻蘊含許多人類神經生理發展的奧秘，本單元針對健康老人或活動引導人培訓時，要多讓學員體驗、思考、討論，才能落實在日常生活中。

延伸閱讀

根據台灣失智症協會（TADA）2014年剛剛完成的「失智症（含輕度認知功能障礙MCI）流行病學調查及失智症照顧研究計畫」報告，目前台灣中度以下的失智症患者仍然偏向居家照顧，僱用外勞或由家人自行照顧，重度失智症者則傾向交由機構照顧（李會珍，2014）。因此，居家照顧工作者必須熟悉失智症的危險因子和保護因子，才能順利協助長輩面對新的生活型態，也避免讓照顧者疲於奔命。輕度或中度失智症長輩也許失去做某些事情的能力，但是大部分長輩仍然希望能夠擁有某些自主能力；因此，引導長輩們自己摺衣服、洗碗盤，都可以讓身體的能量自然形成「交叉模式」，保持身體正向的能量，協助長輩維持較佳的生活品質。事實上，清洗碗盤時，流暢的水流聲音也有助於長輩形成和諧的腦波，提升長輩的睡眠，減少情緒障礙的發生機率。

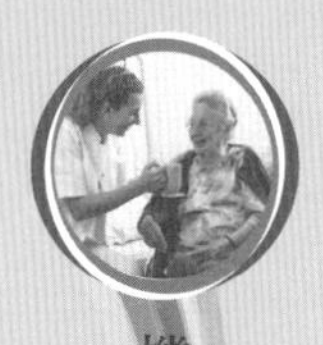

單元名稱 7 腦迴路均衡一下

⊙活動目的

1.協助高齡者保持左右腦平衡。

2.激發大腦無限的可塑性。

⊙空間與器材規劃

1.方便不同長輩抓握的各種彩色筆或簽字筆。

2.各色紙張和書寫版。或採用可重複使用的水寫塑膠板，或水寫布畫板（圖一）。

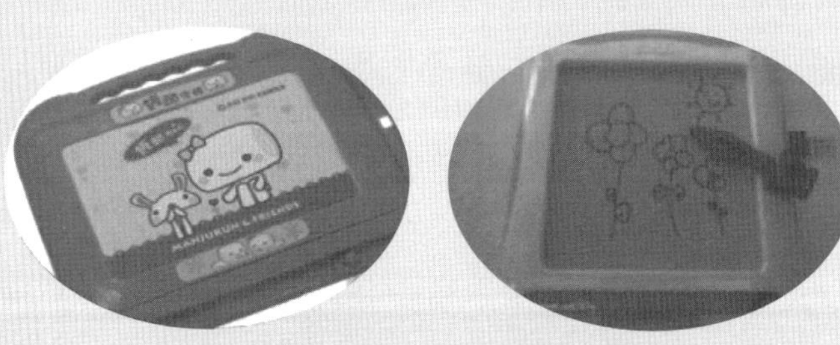

圖一　適合用來練習大腦迴路的可重複書寫版

⊙活動階段

「腦迴路」的練習大致分為三個階段：第一階段是以右手和左手交互的順著迴路圖畫畫看。第二階段則專注的看著整個迴路圖。第三階段則順著迴路圖移動視線，感受腦海中思緒漸漸穩定下來的感覺。針對機構內多數的長輩，可先練習第一階段活動，再以團體方式練習第三個階段。

1.單側腦迴路塗鴉

(1)從圖二中，選擇一個簡單的腦迴路圖，印製成兩個大小、形式相同的腦迴路圖。紙張大小以A4或B4為原則。其中圖二的（四）為無限大腦迴路圖，描紅的路

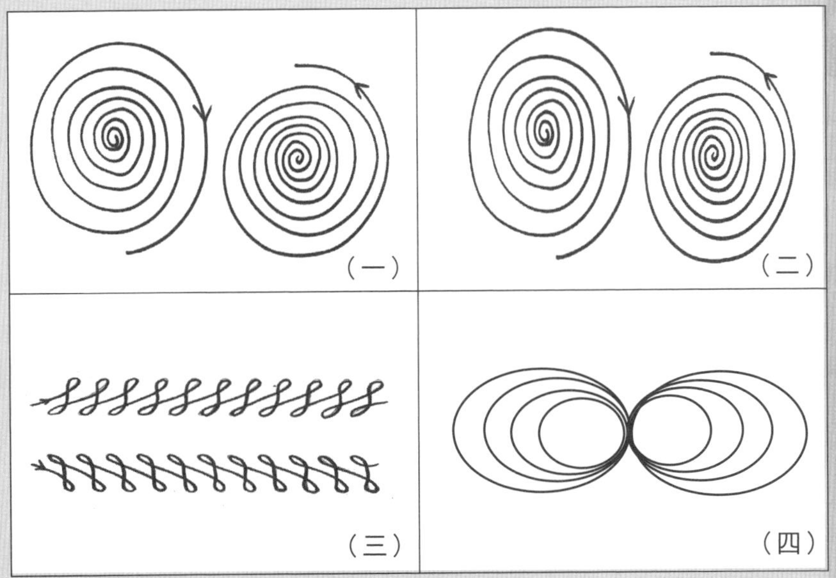

圖二　腦迴路練習圖範例

資料來源：修改自徐若英譯（2006）

徑可以是「右上→右下→左上→左下」（圖三），也可以是反方向從左上方開始，即「左上→右下→右上→左下」（圖四）。

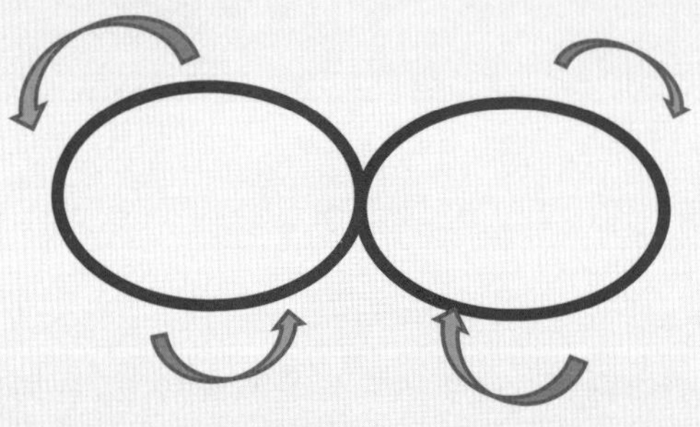

圖三　從右上角開始的無限大描紅路徑「右上→右下→左上→左下」

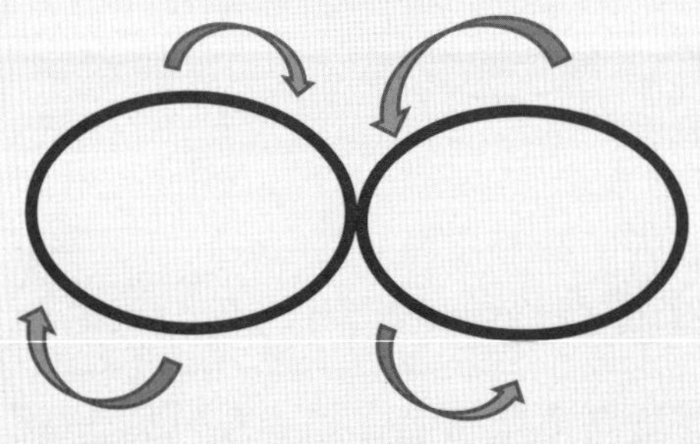

圖四　左上角開始的無限大描紅路徑「左上→右下→右上→左下」

(2)依實際情況為每一位長輩準備一枝彩色筆，讓長輩以慣用手握筆，從最內圈開始（或者依圖案從左邊或右邊開始），順著圖形依序向外慢慢描紅。完成後再換另一手握筆，完成另一邊的圖案。非慣用手的描紅比較慢，要給予長輩一些鼓勵。

(3)詢問長輩的感受，如果可行，再重複練習一次。練習時可播放輕音樂。

2.雙側塗鴉左右開弓

幫長輩把紙張固定在桌面上，請長輩雙手各握一枝彩色筆，兩手同時向同一個方向描紅。鼓勵長輩放慢速度。

3.腦迴路凝視練習

(1)在團體活動的前方張貼一張大型的腦迴路圖（圖形最好和剛剛的練習相同）。

(2)邀請長輩舉起慣用手，用手指帶動眼睛，從最內圈（或者依圖案從左邊或右邊開始），慢慢的繞著腦迴路走一次。

(3)請長輩換另一隻手，用手指帶動眼睛，從最內圈（或者依圖案從左邊或右邊開始），慢慢的繞著腦迴路走一次。

(4)最後一次練習，長輩們手部輕鬆放在腿上，單純以眼睛從最內圈開始（或者依圖案從左邊或右邊開始），慢慢的繞著腦迴路走一次。

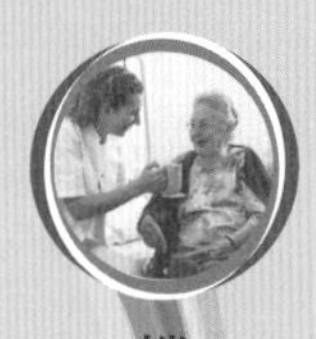

⊙引導者貼心提醒

如果現場有多位長輩的單側不方便，可省去雙側塗鴉的部分。本活動一方面透過腦迴路的描紅，讓大腦放鬆安定下來，一方面又希望透過左右手的腦迴路圖練習，讓左右腦均衡。

延伸閱讀

大腦迴路是把純粹的能量狀態具體化的圖示，當我們的腦處於安定且淨化狀態時，腦所呈現的能量也會形成一種規則的迴路。我們傷心或難過時，大腦會激動、發熱，嚴重時腦部會腫脹，因此傷心或難過時，專心的注視著腦迴路，或者在紙上反覆地畫腦迴路圖，都會使我們的腦波逐漸轉為 α 波，使我們的腦恢復為原本安定、和諧的狀態（徐若英譯，2006）。

在西藏唐卡的古老智慧裡，也有利用「藏輪圖」來鍛鍊眼部肌肉的療癒功效。雙眼隨著「藏輪圖」的圖形移動，也會在腦中形成一種迴路，刺激大腦產生和諧波，達到人體自我療癒的效果（Liberman, 1995）。

終極大腦體操——8字韻律操

⊙活動目的

1.提升個體的大腦側化發展功能，保持神經細胞的彈性。

2.整合左右腦的能量，提升個體身體的平衡感。

3.協助個體建構或修補能量場。

⊙空間與器材規劃

1.個別體驗，採站姿。每個人最好可以站在木地板或軟墊上，提升生理、心理的舒適度。

2.準備節奏較為緩慢但清楚的音樂。

3.準備一顆直徑在6～10公分的彈力球，也可以用較大的沙包代替。因為長輩們的末梢神經比較不敏感，沙包不宜太小。

⊙活動階段

1.8字型眼球律動

(1)邀請長輩以慣用手的兩根指頭併攏，放在鼻樑大約10～15公分處，從右上角開始，到右下角、左上角，再到左下角劃出橫向的8字圖形，此時，兩眼視野則跟著慣用手的位置平順、緩慢地移動，但頭部保持固定不動（圖一）。

(2)反方向練習，從左上角開始，到左下角、右上角，再到右下角，兩眼視野則跟著慣用手的位置平順移動。

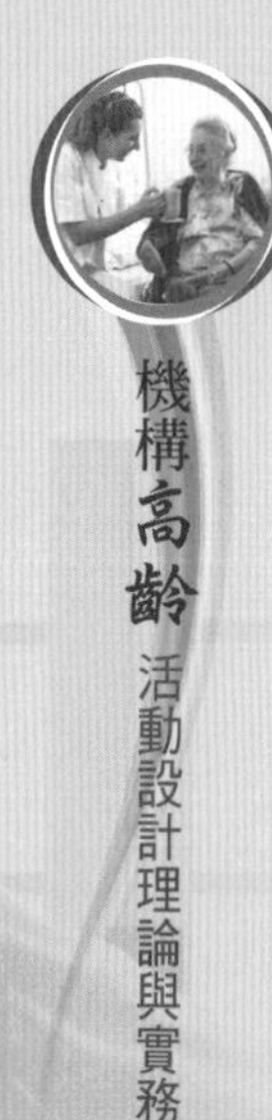

圖一　8字型眼球律動

熟悉移動的方向後，可加快速度，大約持續進行1～2分鐘。儘量擴大眼睛的視野範圍。這個動作可以有效增加視覺神經的彈性。

2. 頭部8字韻律操練習

播放音樂，邀請學員想像頭部在眼睛的前方畫一個「橫寫的8字」，想像頭部是一支毛筆，從右上方擺動，再依序拉到右下方、左上方、左下方、右上方，寫一個橫的「8」。以身體的中心為軸線，讓身體跟隨頭部的律動自然地擺動（圖二）。練習大約1～2分鐘，輕鬆的享受擺動所產生的放鬆感覺和樂趣，最重要是要找到屬於自己的律動感。

圖二　頭部8字韻律操

3. 全身8字韻律操練習

播放音樂，邀請學員雙手下垂、搖擺身體，將重心從一邊的臀部移至另一邊的臀部，好像在跟著音樂擺動。手臂先往右上方揮動，繞下來，再往左上方揮動，此時手臂會和身體自然地產生橫躺的8字型，身體則隨著律動自然、舒適的擺動。覺得熟悉以後，讓手臂的擺動幅度加大。開心、自然地揮動雙手，並保持身體的平衡，享受身心的愉悅感（圖三）。

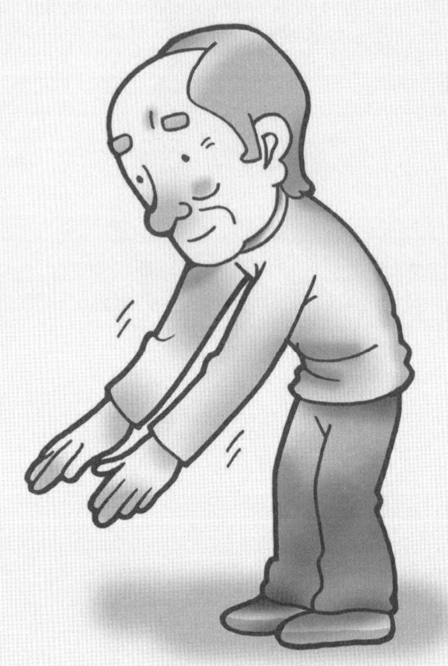

圖三　全身8字韻律操

⊙引導者貼心提醒

1. 引導者可以先介紹大腦神經生理發展上「後進先出」（last in, first out）的演化規則。讓參與者瞭解保持個體大腦的側化功能的重要性。
2. 這個8字韻律操可以有效促進左右腦的溝通，同時保持左右腦的側化功能。在教育人體動力學上，經常用來協助有讀寫障礙或學習障礙的兒童和成人，協助他們克服學習障礙。因此要多鼓勵年輕長輩練習，減緩認知和身心機能退化程度。

3.如果參與長輩眼部發生過中風情形，在練習8字型眼部轉動時，會有相當程度的困難和挫折感。可參考律動初階部分的「眼部8字韻律操」，務必給予信心，只要持之以恆的練習，一定有所改善。

延伸閱讀

人類的大腦終其一生都在透過學習以進行認知鷹架的更新，這個鷹架的更新也遵循著「後進先出」（last in, first out）的原則。根據Raz（2008）的研究，人體神經系統中最晚發展成的部分，在個體老化階段會最早開始退化，這項神經系統的生理現象值得高齡教育學者深入學習和探究。例如，人體的「聽覺」功能在胎兒五個月時就已經發育成熟，在個體老化過程中，退化的時間也較晚；至於個體的「視覺」發育成熟時間較晚，因此視覺退化的時間相對較早。

隨著年齡的增加，高齡者眼球水晶體的彈性會變差，對高速移動景象焦距的調整變得比較困難，70歲之後視野也會從180度，縮小為大約140度，視覺「周邊視野」明顯窄化，多數高齡駕駛人因而失去「眼角的餘光」，影響駕駛能力和安全性（徐業良，2008）。目前已有許多國家極力呼籲高齡者「從駕駛座上退休」，多搭乘大眾交通工具。因此，建議每個人從中年期開始就要規律的進行「8字型眼球律動」，可減緩周邊視野窄化的程度。

三、團體動力類

團體動力初階	暖身元氣拍
	胸腔共振・心腦合一
	哼哈雙拳
	如來神掌
	團體音樂律動與專注力
	雙人協力・自助助人
	大腦活化后溪拳
團體動力進階	側化、平衡、空間感三效合一的團體遊戲

暖身元氣拍

⊙活動目的

1.以旋律較輕快音樂來活動手部關節，是最佳的暖身活動。

2.激活長輩增加手部、腳部的肌耐力，增加心腦血流量。

3.引導長輩逐步抬高手臂，可有效刺激腋下淋巴腺排毒。

⊙空間與器材規劃

1.團體體驗，採坐姿。

2.以輕快節奏的音樂為主，例如丟丟銅仔、Ready go。可作為各種活動的暖身活動。

⊙活動階段

1.暖身活動

(1)引導者要先熱情地向長輩打招呼，同時利用調整音樂的時間和每一位參與者有眼神或肢體的接觸。如果是第一次的活動引導，可以重複多次問好，請長輩們大聲回答。

(2)播放節奏輕快的音樂，引導長輩跟著拍手做暖身活動，持續在不同長輩面前示範、引導，並持續大聲為長輩加油。引導長輩隨著音樂節奏拍打手掌，持續拍打一個小節。拍打時持續引導長輩數數，從1數到8並不斷重複。持續一首曲子的時間，約3分鐘左右為宜。

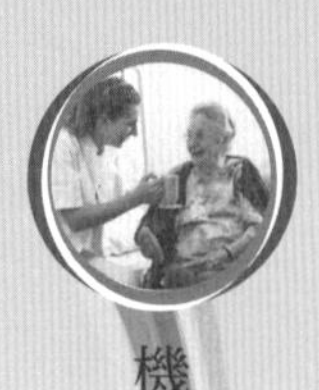

2.雙手步步高升

(1)再次播放音樂，引導長輩跟隨音樂移動雙手的位置，前四拍（1.2.3.4）雙手邊拍邊往上抬高，後四拍（5.6.7.8）雙手邊拍邊往下放鬆。交互進行。對許多長輩而言，雙手往上拍打的動作並不容易，引導者和協助者可適時的用手將長輩的上臂輕輕往上推，如下圖所示。

(2)讓音樂再次播放，隨著音樂節奏數數，先拍打手掌八下，再拍打大腿八下，重複進行，並隨著長輩參與情形調整速度。

輕鬆拍打雙手並漸次抬高

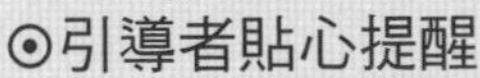

⊙引導者貼心提醒

1. 本活動在加強長輩的上肢活動，減緩因活動不足所帶來的肌力萎縮及關節僵硬。活動過程中要注意長輩們的互動情形，並且適時的給予協助，完成該項活動。
2. 活動內容簡單，要重複示範，長輩才能跟上並參與練習。
3. 邀請機構內的所有照顧者和護理人員都參與活動示範和引導。透過機構長輩和照顧者之間的互動，也可以提升照顧者的成就感和情緒價量。

延伸閱讀

人的手掌和腳底一樣，都有對應到全身經絡的穴道，因此單純的拍打手掌就可以達到按摩許多穴道的功能。自古以來，所有東方醫學都一致認為手腳舞動的方法、伸展、揮動，和身體的健康有密切的關係，其中手部的運動，尤其是「手掌」部分的活動，對促進血液循環以及個體精、氣、神的維持，格外重要。最近日本保健達人龍村修先生出版的《龍村式手指瑜伽》，以東洋醫學中的「部位即全身」的原理為基礎，指導現代人透過簡單的轉動或搓揉動作，按摩食指和中指的每個指節，就能有效減緩大腦的壓力，改善身心失衡情形（李毓昭譯，2011）。簡單易學，可作為機構高齡每日早晨活動的暖身操。

對長期以輪椅代步的機構長輩而言，手部的運動可說是

最基本，也是最重要的肢體活動。本活動「暖身元氣拍」為徒手拍打手掌，拍打後可以將兩個手掌合併後前後擺動。兩手向身體側擺動時可擊打胸腔部分，兩手向下擺動時可按摩大腿部分。大家一起敲打時，簡單、有趣又有療效，長輩們都很喜歡。

胸腔共振・心腦合一

⊙活動目的

1.協助單側失能長輩維持手部功能。

2.透過主動性、規律性的手部擊球振動，激發胸腔共振的效果。

3.透過團體遊戲，提升高齡者的參與動機和情緒價量。

⊙空間與器材規劃

1.各種的實心軟球，以泡棉製成、硬度較佳的實心軟球最為適合。大小必須適合長輩兩手抓握，不會脫落。

2.如果是單側失能的長輩，可鋪上餐桌板，並協助長輩將其中一顆軟球固定好，減少長輩練習時的挫折感。

3.節奏明確的音樂，以長輩熟悉、可大聲跟著唱誦的音樂為主。

⊙活動階段

1.高歌一曲

選擇長輩喜歡且熟悉的樂曲，先播放歌曲讓長輩跟著大聲唱歌。如果可行，可以讓長輩挑選自己喜歡的曲子，至少高聲唱完兩遍並鼓勵每個人邊唱歌、邊快樂的拍手伴奏（圖一）。

圖一　鼓勵長輩開心、自由地拍手、大聲唱歌

2.我是伴奏高手

(1)發給每一位長輩兩顆泡棉製成、硬度較佳的實心軟球，請長輩左右手各握一顆球。隨著音樂節奏，讓兩個球相互撞擊（圖二、圖三）。撞擊的方向可以從左右、上下，或不同方向相互撞擊。

(2)一首樂曲結束後，可引導長輩右手握球，由下向上敲打左手手臂；再換成左手握球，由下向上敲打右手手臂。

(3)因為軟球具有緩衝力量，要多鼓勵長輩隨著音樂，主動且用力的相互敲打球體、手肘、手臂或大腿。引導者必須進行適當的示範。

圖二　左右手握球

圖三　左右手握球相互撞擊

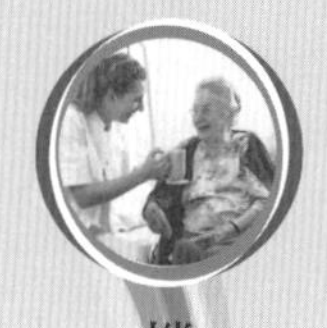

3.單側失能長輩

單側失能長輩，要協助長輩把兩手放在餐桌板上，用失能的手固定一顆球，另外一隻手握住一顆球，跟著節奏敲打失能手所控制的球。或者用單手握球，敲打失能側的手部、手臂等部位。

⊙引導者貼心提醒

1.配合律動音樂，雙手相互撞擊所產生的振動會形成胸腔的共振，不僅可以激活長輩體內的生物共振波，也有助於形

各種大小不同的實心軟球，都非常適合作為高齡者手部復健和韻律活動。

其中，以海綿製作的實心軟球。比較柔軟，適合用來進行手指抓握練習，避免長輩手指末梢神經退化。配合輪椅上的餐桌板使用，可以協助因中風單側失能的長輩，維持較佳的手部功能。

以泡棉製成的實心軟球硬度較佳，最適合用來作為高齡者手握敲打，引發胸腔共振。不僅有助於高齡者手指末梢神經迴路的重建，適當的撞擊力道正好可以引發胸腔的振動，減少高齡者肺部功能的衰退程度。

成心腦合一、和諧共振的腦波，是喚醒個體自癒能力最佳的管道，也是最簡單的團體律動。

2.本活動適合團體分組進行，將長輩們分為兩組，一組人敲打一個小節音樂，輪流伴奏，長輩既不至於太累，又可以感受到團體的歡樂氣氛，可延長練習時間。

延伸閱讀

65歲以上老年人是罹患肺炎機率最高的族群，隨著年齡的增加，風險也越高。在預防工作上，除了減少慢性疾病引發的合併症、施打肺炎鏈球菌疫苗、重視營養的攝取、定期做口腔衛生檢查外，平時要進行適當的「胸腔保健運動」，以防止肺部組織及肺功能的退化。特別是長期臥床的病人，一定要引導他們進行胸腔保健運動，可有效降低「墜積性肺炎」的發生機率（林詩淳、蔡坤維、將瑞坤、范國聖，2008）。例如定期練習腹式呼吸，身體平躺，單手放在肚臍上方，吸氣時將放在腹部的手撐起，吐氣時手往下壓，大約10分鐘；吸氣時務必使肺部完全擴張，吐氣時則儘量拉長。

可以坐立或站立的長輩，可多做擴胸運動和深度吐納，並交互進行本書所設計的「口腔律動操」，可有效預防肺炎的發生。本單元兩手握球相互撞擊時所產生的共振，除了保持手臂的肌耐力，也是一種很好的胸腔保健運動，非常適合健康或亞健康的長輩自我保健。

單元名稱 3 哼哈雙拳

⊙活動目的

1.活化長輩的手指末梢功能，讓手部肌肉更有彈性。

2.透過深度吐納，改善長輩血液循環功能，同時激活大腦神經細胞。

⊙空間與器材規劃

節奏明確的雄壯歌曲，要引導長輩張開嘴巴大聲吆喝。也可以直接帶著長輩大聲喊出「哼」、「哈」，是很好的口腔運動和心肺功能運動。

⊙活動階段

本活動為徒手律動，也是基本的暖身操，是提升長輩生命能量的好方法。可以一邊引導長輩數數或者鼓勵他們大聲唱歌，效果更好。

1.交互握拳

手指部分的運動是目前機構長輩活動引導最方便、也是最基礎的部分。任何時間、任何地點都可以進行。至少要包括幾個動作：

(1)向外握拳

雙手手心向外，用力抓握，再用力張開來，手臂稍微向前用力伸出（圖一）。要讓長輩配合手部動作自己大聲喊出「哼」、「哈」。雙手同時握拳時，大聲喊

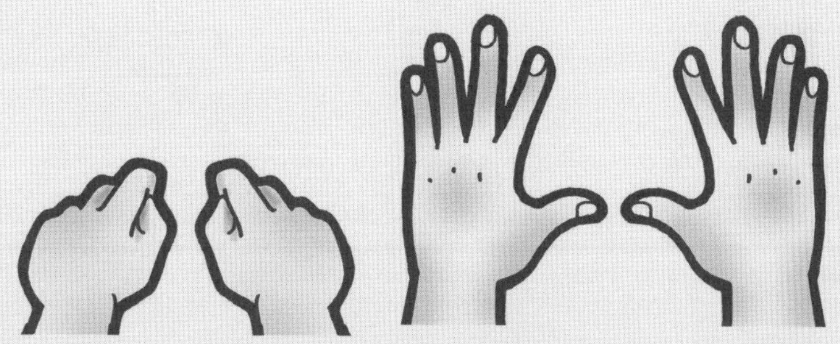

圖一　交互向外握拳

「哼」；雙手同時用力張開時，大聲喊「哈」。至少要練習1分鐘。

(2)向內握拳

雙手手心向著身體部分，用力抓握，再用力張開來（圖二）。雙手同時握拳時，大聲喊「哼」；雙手同時用力張開時，大聲喊「哈」。至少要練習1分鐘。手心向內的動作比較沒有力道，容易疲倦，要透過眼神多給予長輩鼓勵。

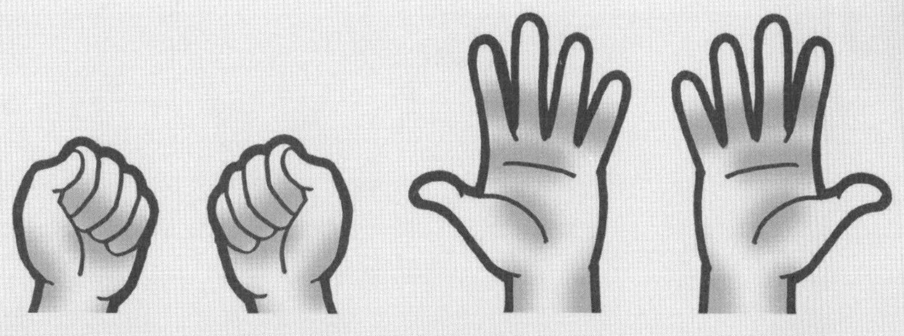

圖二　交互向內握拳

(3)側面握拳

雙手手心相向，用力抓握，再用力張開來。雙手同時握拳時，大聲喊「哼」；雙手同時用力張開打直時，大聲喊「哈」。至少要練習1分鐘。

2.哼哈擊拳

雙手手心向外，左手用力抓握同時往身體方向用力縮回，右手張開用力往前伸直，大喊「哼」；換成右手用力抓握同時往身體方向用力縮回，左手張開用力往前伸直，大喊「哈」（圖三）。務必引導長輩大聲喊出「哼」、「哈」，才不至於讓氣淤積在臟腑內。

圖三　哼哈擊拳

⊙引導者貼心提醒

1. 本活動為徒手律動，活動者本身就是最佳的道具。因此，引導者肢體的動作和引導語要誇張些，才能激發長輩的學習氣氛。
2. 引導長輩張開嘴巴大聲喊出「哼」、「哈」，一方面可刺激長輩心肺功能，刺激長輩主動進行深呼吸，以提高全身細胞的含氧量，提升免疫力；同時提高活動的愉悅感，透過團體動力引發參與長輩情緒價量。

延伸閱讀

隨著科學研究技術的發展，目前研究已證實「缺氧會導致癌症」。事實上，1992-1994年之間，美國約翰．霍普金斯大學（Johns Hopkins University）醫學院的Semenza教授和他的研究團隊就已經發現一種「缺氧因子」（Hypoxia Inducible Factor, HIF）。這種缺氧因子具有調控癌症相關基因的功能。最近國內外的醫學研究更進一步證實，「缺氧細胞」和癌症的確有密切的關聯（摘自張安之、李石勇、方鴻明，2012）。

「缺氧會導致癌症」的機制包括：

1. 缺氧會加速癌細胞的繁殖：缺氧會幫助病變後的癌細胞免於凋亡，同時在癌細胞內產生大量的「活性氧自由基」。活性氧自由基會加速癌細胞對正常細胞的破

壞力，使得身體對癌細胞的防禦能力大幅降低。

2.缺氧導致酸性體質並加速腫瘤的成長：由於癌細胞多數因過度生長而遠離血管部位，普遍嚴重缺氧，因此癌細胞多數採取「無氧呼吸」。無氧呼吸的結果會產生大量的乳酸，形成酸化的細胞生長環境，惡性循環的結果，癌症的無氧呼吸會越來越嚴重。詭異的是，酸化的細胞環境不會傷害到癌細胞，只會傷害人體正常的細胞。

因此，這些「缺氧會導致癌症」的醫學研究大力呼籲：要預防癌症，就要改善血液循環，增加血紅素，或者在飲食中增加能夠幫助呼吸代謝的酵素。張安之、李石勇、方鴻明等人更提醒大家：要遠離癌症，一方面要改善環境缺氧的問題，例如保持居家環境的通風；一方面必須透過運動、深呼吸，改善心肺及呼吸循環功能，提高血紅素，才能有效的降低癌症的發生機率，甚至大幅度提高癌症患者的壽命和生存機率（郭育祥，2011；張安之、李石勇、方鴻明，2012；黃木村，2011；潘欣祥，2012）。

4 如來神掌

⊙活動目的

1.透過雙手手掌主動性、規律性的徒手律動，刺激體內血液循環的功能。

2.透過團體的歡樂氣氛，提升高齡者的情緒價量。

⊙空間與器材規劃

節奏明確、長輩熟悉的音樂，引導長輩張開嘴巴大聲唱誦。

⊙活動階段

本活動為徒手律動，是基本的暖身操，非常受長輩喜愛。帶動前可先播放歌曲作為暖身。一邊帶動，一邊引導長輩數數，或者跟著歌曲大聲唱誦。徒手的掌心運動可依序進行如下，也可以交互進行。

1.摩拳擦掌

雙手合掌，上下摩擦，摩擦方向可以是上下摩擦或前後摩擦（圖一）。可持續一個小節的音樂。

2.前後推掌

雙手掌心向前，左右兩手手掌輪流向前用力推出來（圖二）。可持續一個小節的音樂。推出去的手要儘量伸直，如果可以，可漸次抬高雙手手臂。

圖一　摩拳擦掌

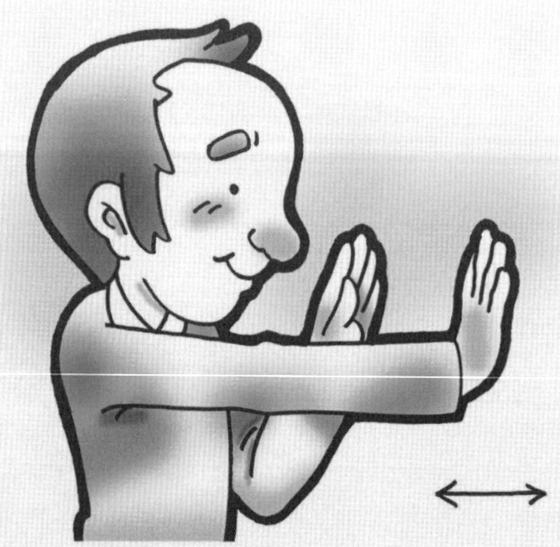

圖二　前後推掌

3.左右滑掌

雙手掌心向前，兩手一起向右畫圓圈，雙手手臂慢慢往右移動，至少進行兩個八拍；接著兩手一起向左畫圓圈，雙手手臂慢慢往左移動，至少進行兩個八拍（圖三）。

4.如來神掌

(1)雙手手掌在胸前上下交疊並貼緊，以手臂帶動手掌，兩個手掌相互摩擦。先右手在上、左手在下，摩擦兩個八拍；再換成左手在上、右手在下，至少進行兩個八拍（圖四）。

(2)這個動作可以有效促進血液循環，因此又稱為「造血運動」。可拉長這個活動的時間，對長輩身心健康有很大的幫助。

5.佛面生輝

這是最後一個動作，以雙掌用力按摩臉部、鼻樑兩側，最後則是按摩耳朵前後。所有活動結束後要記得引導長輩做幾次深呼吸。鬆弛一下身心，並為活動畫下完美的句點。

⊙引導者貼心提醒

1.本活動為徒手律動，活動者本身就是最佳的道具。因此，引導者的肢體動作和引導語要誇張些，才能激發長輩的學習氣氛。

2.引導長輩張開嘴巴大聲唱歌，可刺激長輩維尼基區到布羅卡區之間形成語音迴路，並刺激與按摩顳葉功能。

圖三　左右滑掌

圖四　如來神掌

延伸閱讀

根據人體大結構，大多數人的語言能力主要由左半腦負責。語言產生和布羅卡區（Broca's area）有關，語言理解和維尼基區（Wernicke's area）有關，這兩個區域之間藉由弓狀束來聯繫。個體語言學習迴路有兩類：

1. 包含視覺刺激的語言學習

   視覺訊息→枕葉皮質整合→「維尼基區」轉為語音訊息→弓狀束→布羅卡區產生語言

2. 只包含聽覺刺激的語言學習

   聽覺訊息→「維尼基區」接收語音訊息→弓狀束→布羅卡區產生語言

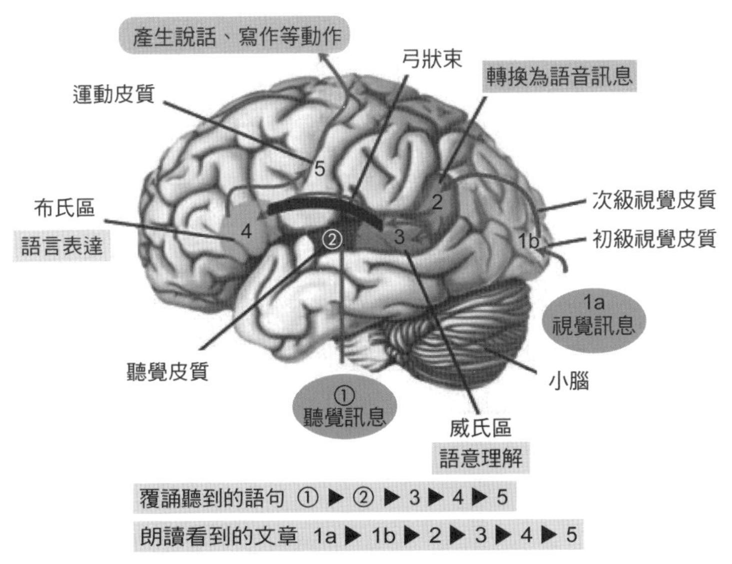

大腦的語言迴路

資料來源：摘自腦的美麗新境界（2014）

目前各類身心障礙者教育都非常強調透過朗誦、出聲閱讀，在大腦中形成「語音迴路」，可以有效協助個體形成短期記憶。這個方法同樣適用於高齡者，無論是新舊歌曲的唱頌，山歌、兒歌或詩詞朗誦，對長輩的認知功能維持都很有幫助。

團體音樂律動與專注力

⊙活動目的

1. 鼓勵高齡者參與團體活動，並從中獲得樂趣。
2. 培養高齡者專注力，延緩大腦認知功能的退化程度。

⊙空間與器材規劃

1. 準備兩種或四種能產生律動節奏的中小型樂器。例如沙鈴、中型手搖鈴、雙色木鳥、中型鈴鼓。以每位參與者都能使用一種樂器為原則。
2. 一首節奏輕快的樂曲或輕音樂，例如四季紅、山頂的黑狗兄、江水向東流等皆可。必須留意參與者的省籍情結，安排長輩們熟悉並可以接受的樂曲。
3. 分組或團體活動，體驗者可採坐姿或站姿。團體可排成馬蹄形或圓弧形。規劃空間如下：

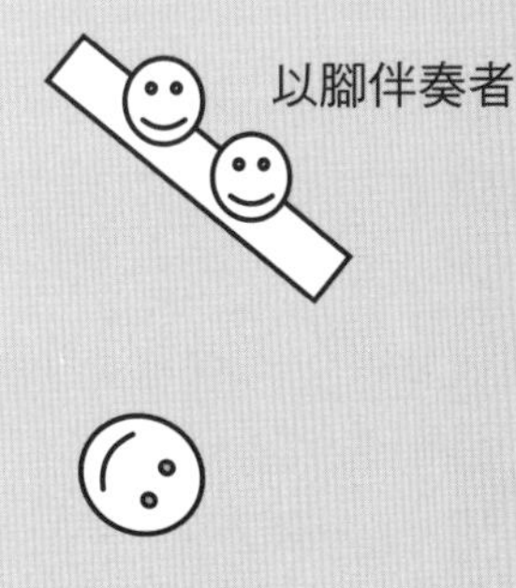

⊙活動階段

1.規劃引導活動

(1)引導者就馬蹄形引導位置，請每一位參與者選擇一種樂器，並安排選擇同一類型樂器者坐在一起，以增加團體參與感，同時讓樂器聲音更為集中、清楚。

(2)邀請3～5位雙腳可以踩到地板的長輩，以腳踩踏地板的聲音來伴奏。

2.樂曲體驗活動

(1)播放主要樂曲，讓參與者隨著樂曲自由的搖動手中的樂器。同時邀請用腳拍打節奏的參與者也自由的抬腳、運動。並提醒參與者用心的聆聽樂曲，跟上節奏。讓樂曲完整播完一次。

(2)待樂曲播放完畢，引導參與者自由回答下列任何1～2個問題：

「這樣的伴奏精采嗎？」

「滿意自己的演奏嗎？」

「感覺到樂曲的律動了嗎？」

「覺得快樂嗎？」

「您覺得自己的身體跟得上樂曲嗎？」

3.分組練習活動

(1)邀請協同引導者或照顧者，引導手持同一種樂器的長輩一起討論出一種共同的敲打節奏，讓每一種樂器在

同一個時間只產生一種音樂律動。以腳拍打節奏的長輩也必須練習到腳步一致，同一個時間只產生一個律動（圖一）。

圖一　同一種樂器產生同一種律動

(2)暫時不播放樂曲，由各組夥伴自行練習大約3～5分鐘。

(3)暫時不播放樂曲，引導者邀請每一種樂器（包括以腳步伴奏者）輪流自行演奏四個八拍。每一個樂器演奏後，所有參與者都給予掌聲加油（圖二）。

(4)播放樂曲，邀請所有組別夥伴，專注的跟隨樂曲，敲打手中的樂器（或腳步）。結束後每個參與者為自己

圖二　兩種樂器組一起演奏

鼓勵加油。

4.交替演奏活動

(1)這個階段將邀請演奏者為不同樂曲小節伴奏。首先邀請以腳步產生律動的夥伴擔任樂曲「前奏、間奏」的演奏者；兩種樂器擔任第一小節樂曲伴奏者；另外兩種樂器擔任第二小節樂曲伴奏者。

(2)如果樂曲有第三小節可安排所有樂器一起參與演奏。如果有第三、第四小節，可重複輪流演奏。

(3)引導長輩自由表達自己的感受。

(4)如果時間允許，可以再練習一次。練習時可更換演奏組別和樂器的順序。

⊙引導者貼心提醒

1.「肢體覺察」是高齡者得以維持身心靈健康的關鍵因素，

也是高齡者身心靈引導課程的基本課題，卻是相當困難的引導項目。每一次團體活動後，適切的引導高齡者真實的覺察並說出自己生理上、心理上以及情緒上的變化。例如：拍打樂器的方式、分組練習的技巧、樂曲的選擇、如何可以更專心、身體的感覺如何等等。一方面提升高齡者的自主性；一方面彌補他們在口語表達上的不足。

2. 這個活動可用在任何認知功能、任何機構的長輩，如果是日照中心的長輩，可以邀請所有參與者一起用腳在前奏和間奏部分擔任伴奏。

延伸閱讀

「情緒」、「動機」和「社會認知」是個體情緒發展的三個面向，也是個體體驗學習的三個不同向度，所強調的不是理解或認知，而是個體學習過程中的「感受和情緒覺察」。目前高齡者的教學非常強調「肢體展現的取向」（embodied approach），即在提醒我們必須深入瞭解個體「情緒」和「認知」兩者之間的互動和緊密關係。

單元名稱 6 雙人協力·自助助人

⊙活動目的

1.協助單側不方便的長輩進行手部復健。

2.透過團體遊戲，提升高齡者的參與動機和情緒價量。

⊙空間與器材規劃

1.兩人一組，也可採取團體競賽。適用於以輪椅代步者。

2.自行設計的「水平律動協力棒」。「水平律動協力棒」的設計以塑膠材質為主，質地較輕的木頭或竹節也可以。長度約100～120cm，最好能設計手握的拉環以方便兩位長輩同時抓握。

3.節奏明確的音樂或鼓聲的音樂。

⊙活動階段

1.水平律動

(1)邀請兩位長輩一組，其中一位最好兩手都能自由活動。單側中風的長輩較多時，可安排兩位不同側中風的長輩在同一組內。

(2)每組準備一根「水平律動協力棒」，協助長輩將左右手握住兩個手環處，活動開始前，引導長輩把手肘放置在輪椅兩側，比較節省體力。

(3)邀請同一組長輩齊力把「水平律動協力棒」移向身體右側，同時數數「1.2.3.4」，第四拍可稍加停留。再

合力把「水平律動協力棒」移向身體左側，同時數數「5.6.7.8」，第八拍可稍加停留。水平移動的幅度越大越好，至少要讓長輩的腹部感受到律動。重複進行八個八拍就是一回合，如下圖所示。

2. 垂直律動

(1)持續邀請同一組長輩握住「水平律動協力棒」，合力把協力棒往上抬，同時數數「1.2」，再放下協力棒，同時數數「3.4」；再次把協力棒往上抬，同時數數「5.6」，再放下協力棒，同時數數「7.8」，重複進行。垂直律動比較吃力，可進行四個八拍，能力許可才進行八個八拍。

(2)播放音樂，一首曲子前半首進行水平律動，下半首可練習垂直律動。長輩體力較佳者，可以多練習一次。

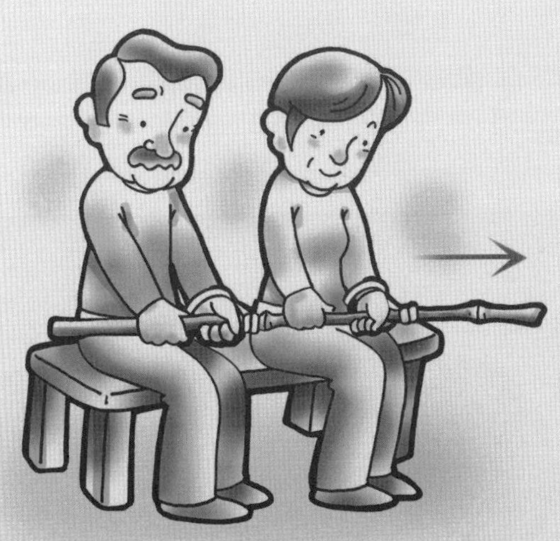

雙人協力水平律動

⊙引導者貼心提醒

1. 右手不方便的長輩，建議安排在協力棒的左邊位置；左手不方便的長輩則安排在協力棒的右邊位置。
2. 如果兩位長輩無法合力移動「水平律動協力棒」，建議重新分組。本活動非常適合採取兩人一組的團體競賽，每一組長輩依序完成四個八拍水平律動，依序進行。長輩們既不至於太累，又可以感受到團體的歡樂氣氛。

延伸閱讀

根據「社會腦」的概念，人類大腦的進化是為了適應生活而改變。參與團體活動是人類自然的、社會性的動機與心理需求。然而，因為受限於輪椅，機構內的長輩絕少和其他人有互助合作的機會，這完全違反人類的本性。透過「水平律動協力棒」，每個人都可以成為他人的好幫手，滿足人類社會心理的發展需求，讓長輩擁有正向的人際互動關係和情緒發展。

單元名稱 7 大腦活化后溪拳

⊙活動目的

1.結合身體穴道的按摩功法，改善長輩肩頸部僵硬的情形。

2.透過后溪穴的敲打，改善長輩視覺功能與血液循環，提升自我療癒能力。

⊙空間與器材規劃

節奏明確輕快的音樂，以及節奏較為緩慢的音樂各一。

⊙活動階段

手指部分的運動是目前機構長輩活動引導最方便、也是最基礎的部分。任何時間、任何地點都可以進行。可循序漸進，先進行手腳暖身活動，再進行雙手交替按摩。

1.手腳交替抓握

這個活動是本書「起床律動操」右手手掌和右腳腳趾同時抓握，再換左手手掌和左腳腳趾同時抓握，交替進行至少四個八拍。是最佳的手腳暖身動作。

2.雙手后溪捶拳

(1)尋找后溪穴

「后溪穴」屬小腸經脈的穴道，位置在人體的手掌尺側，手掌微微握拳，小指頭第五指掌關節後遠側，掌橫紋頭的位置就是后溪穴，如圖一（疾病網、醫學圖，2014）。

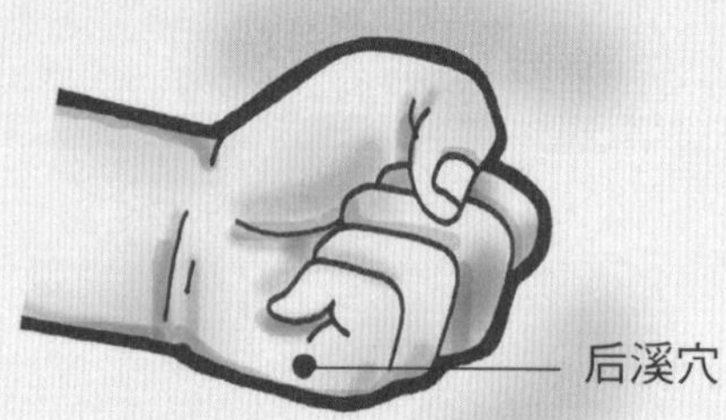

圖一　后溪穴的位置

(2)雙手交互搥打后溪穴

兩個掌心面向身體，雙手握拳，兩個小指相互敲打，敲打時儘量讓兩手的「后溪穴」相互碰觸、按摩。敲打的角度依序改變，從兩手平行、右上左下，到左上右下，如圖二。至少敲打八個八拍。

圖二　雙手后溪捶拳

3.全身后溪捶拳

(1)機構長輩因為長期久坐，血液循環不佳，不僅影響健康，也影響長輩的情緒。因此本活動引導長輩雙手握拳，以「后溪穴」為主，依序敲打大腿外側的「膽經」，以及大腿內側的「血海」附近的經絡。

(2)敲打后溪穴的動作也可以改成「按摩」或「按壓」，比較適合單側中風長輩。敲打時間可持續一首曲子的時間（圖三）。

4.平板后溪按摩

如果長輩們無法順利移動雙手手臂，可引導他們直接雙手或單手握拳，把雙手后溪穴的這個部位放在輪椅的扶手上，輕鬆地前後滾動，也可以達到刺激后溪穴的效果。

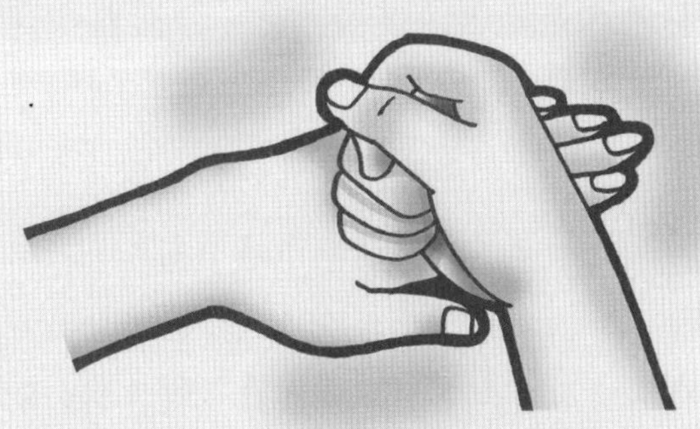

圖三　手臂后溪捶打或按摩

⊙引導者貼心提醒

本活動是非常好的經絡按摩活動，無論長輩的認知功能如何，身體是否有失能情形，都可以使用，可以坐姿或站姿來進行。可幫助長輩提高全身細胞的含氧量，提升免疫力，並激發參與長輩的正向情緒價量。

延伸閱讀

「后溪」最早見於《黃帝內經・靈樞・本輸篇》，為手太陽小腸經的腧穴，又為八脈交會之一，通於督脈小腸經。有舒經利竅、寧神之功，按壓或敲打后溪穴可預防駝背、頸椎、腰部、腿部疼痛，有保護視力、緩解疲勞、補精益氣的功效（武國忠，2009）。長期使用電腦、久坐、缺乏運動的人，都非常需要敲打后溪穴，可促進血液循環，減低肩頸部的壓力。

中國經絡按摩是透過疏通經絡，一旦經絡疏通了，人體的一些症狀也就會隨之減輕甚至消失。圖四中從a到d是按摩或敲打膽經的重點，刺激膽經，能夠強迫膽汁的分泌，提升人體的吸收能力，提供人體造血系統所需的充足材料（疾病網、醫學圖，2014）。長期以輪椅代步的長輩可以握緊拳頭，以手掌尺側的后溪穴為主要施力點，循序敲打b到d的位置，也可以用摩擦方式來刺激膽經。

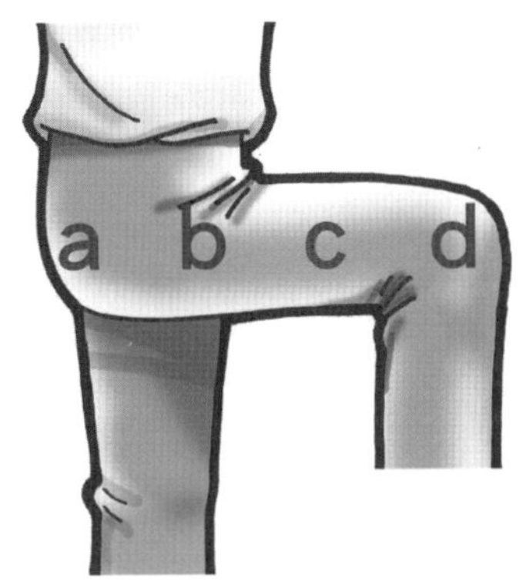

圖四　大腿外側「膽經」主要敲打點

資料來源：mypaper.pchome.com.tw

至於大腿內側的重要經絡點有「血海」（圖五），是人體重要的「脾經」，敲打或按摩血海，可改善長輩的血液循環，具有健脾益氣、滋補肝腎、除濕通絡的功能。

圖五　大腿內側「血海」的敲打點

單元名稱 8 側化、平衡、空間感三效合一的體操遊戲

⊙活動目的

1.可有效激活末梢神經功能，訓練手腳的粗細動作技巧。

2.提升個體的大腦側化與平衡感功能。

3.透過團體遊戲，提升高齡者的參與動機和情緒價量。

⊙空間與器材規劃

1.個別體驗或團體皆可，採站姿。著平底鞋或赤足更好。

2.最好可以讓參與者站在木地板或軟墊上，以提升生理、心理的舒適度。

⊙準備階段

1.準備節奏緩慢、清楚的音樂，以單純音樂為佳，避免對長輩造成不必要的干擾。

2.參與者必須對「全身8字韻律操」有基本的認識，可避免參與者產生挫折感。

⊙活動階段

1.複習「全身8字韻律操」的動作

(1)帶領學員複習「全身8字韻律操」的動作，讓身體柔軟些，可避免產生頭暈或跌倒現象。

(2)邀請學員一起隨著律動自然、舒適的擺動身體。同時加大手臂擺動的幅度。開心、自然地揮動雙手，並保

持身體的平衡，享受身心的愉悅感。

2.律動傳球

(1)準備一顆直徑約6～10公分的彈力球，也可以用較大的沙包代替。因為長輩們的末梢神經比較不敏感，沙包不宜太小。

(2)請學員手握彈力球（或沙包），將身體舒服地下彎，以右手拿彈力球從身體的中央開始，跨越右腳，繞過右腳的右邊回到身體中央並交給左手；再讓左手中的彈力球從身體的中央開始，跨越左腳，繞過左腳的左邊回到身體中央，並傳給右手。依序練習。大約八次可以先停止（圖一）。

(3)詢問學員是否會感到頭暈？接球時是否有任何困難？如果學員有頭暈情形，建議先停下活動，用手掌拍打肚臍兩側約30～50下，讓學員達到「水火即濟」的狀態後再開始。

(3)播放音樂，提醒學員放輕鬆，隨著音樂節奏，配合自己的肢體動作，輕鬆的練習。大約2分鐘。

(4)如果學員的身體無法彎曲，可以讓學員坐在小板凳上，雙腳分開坐立，同樣以右手拿沙包從身體的中央開始，繞過右腳並交給左手；再讓左手中的沙包跨越左腳，再交給右手。依序練習（圖二）。

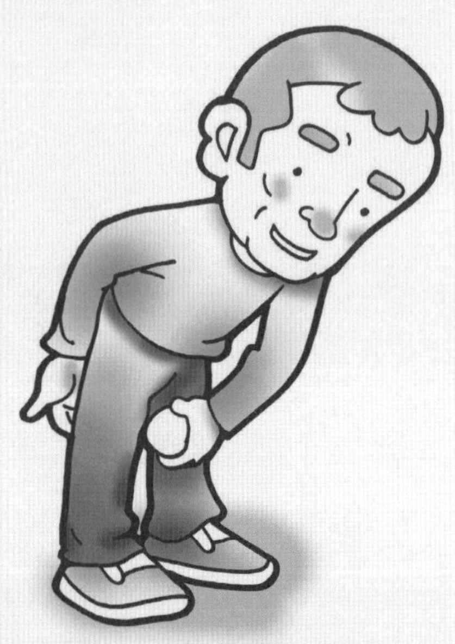

圖一　胯下8字韻律傳球

圖二　坐姿8字韻律傳球

3.團體8字韻律操

針對健康長輩，本活動也可以團體方式進行。例如4～5人一組，同組人排成一條直線，第一個學員以彈力球做四次8字韻律操後，從身體中線把球傳給下一位；下一位繼續練習四次，依序進行。如果時間允許，可以請大家全體向後轉，反方向再開始練習一個回合（圖三）。

圖三　團體8字韻律傳球

⊙引導者貼心提醒

1. 根據人體神經生理「後進先出」的發展法則，個體手掌和腳掌部分比其他部分都發展得早，理論上應該較晚退場，但是因為日常生活中忽略了粗細動作的操作練習，因而提早退化，因此高齡者手掌和腳掌的活動設計必須受到更多的重視。
2. 本活動係結合手部的粗細動作和可以讓身體快速充滿能量的「8字韻律操」，無論參與者的認知功能是否損傷，長期的引導、練習，都可以提升參與者的身體空間知覺和平衡感，可有效防止長輩跌倒，建議相關照顧機構作為每天的必要課程。活動進行時，可以使用不同素材，以增加活動的多元性，例如彈力球、按摩球、各式色彩豐富的沙包、橄欖球或小排球等都是很好的材料。

延伸閱讀

根據研究，高齡者在認知學習時，傾向同時使用左右腦，稱為「雙邊半腦運用」（bilateral hemisphere involvement）現象，或稱為「高齡者左右腦功能不對稱現象之遞減」（HAROLD）。對此，高齡心理或教育研究者多數採取積極的觀點，認為這是高齡者的一種智慧，稱為「熟齡大腦」。然而，多數的神經認知科學家卻認為，高齡者同時喚起左右腦的認知過程是一種「細胞分化不足的情形」，他們認為高齡者這種大腦分化不足情形是一種「負面的大腦可塑性」，會導致個體認知功能性特化的瓦解，可能是高齡大腦一種補償性的「過度補足」（秦秀蘭，2012）。因此提醒我們，大腦訓練一方面要保持個體大腦的側化功能，維繫大腦各部位的專業分工、保持各神經區域應有的彈性；一方面要增加左右腦的溝通但不影響側化功能。

個體情緒自我覺察紀錄表（範例）

個體身分	□照顧工作者 □機構入住者	記錄時間	年　月　日 ：　～　：	記錄人員簽名	
情境紀要	□活動參與前　□活動參與後　□因故無法參與活動時　□其他____				

(一)情緒價量紀錄

個體情緒評量階梯量表

引導語：

您現在感如何？很快樂、舒服嗎？下面有十個階梯，最上面一個階梯代表您身體最快樂、最舒適的位置；越下面的階梯越不快樂、越不舒服。您覺得哪一個階梯最能代表您現在的感受呢？

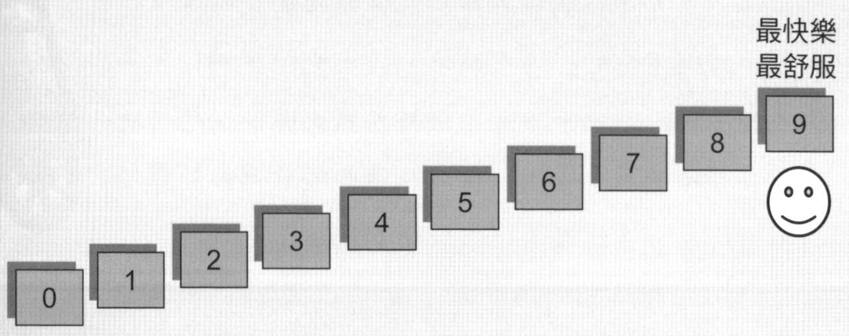

(二)活動參與紀錄（設計時可根據機構進行的活動進行增刪）

對於剛剛所參與的活動，您比較喜歡哪些活動？

□暖身元氣拍　　□(2)團體音樂律動

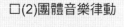

(3)手指棒活動

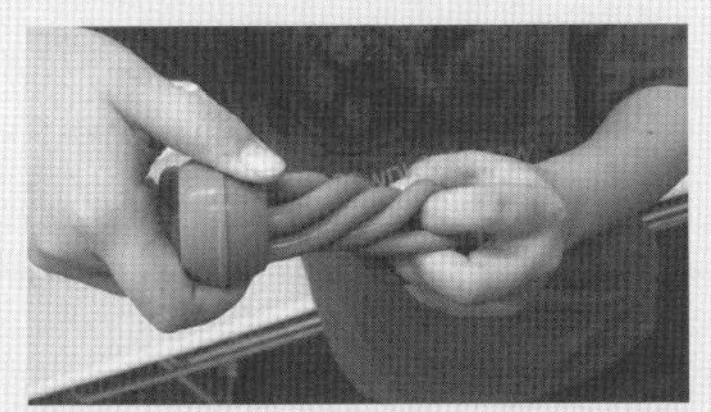

□(4)雙手擊球、胸腔振動

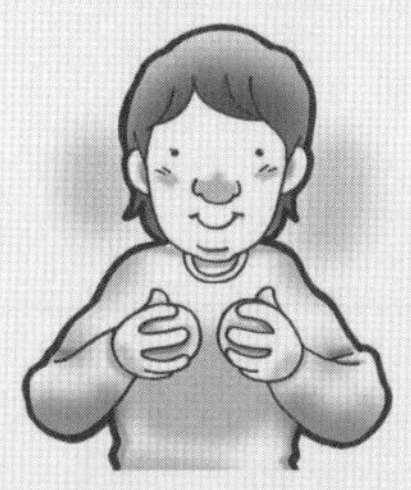

(5)腳掌律動

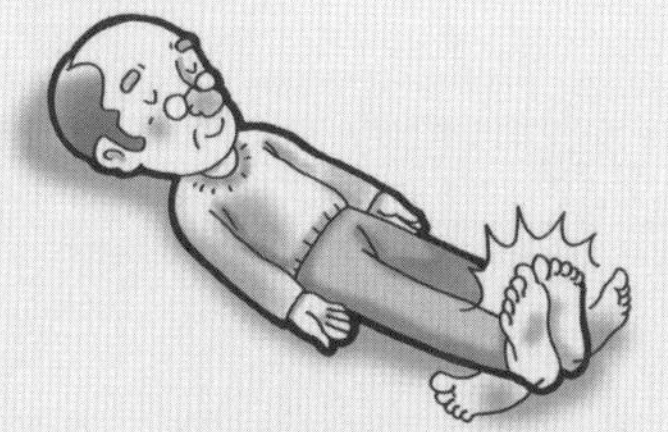

□(6)頭部和全身振動

(7)口腔律動操

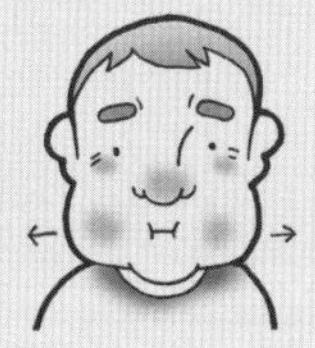

□(8)手臂按摩律動

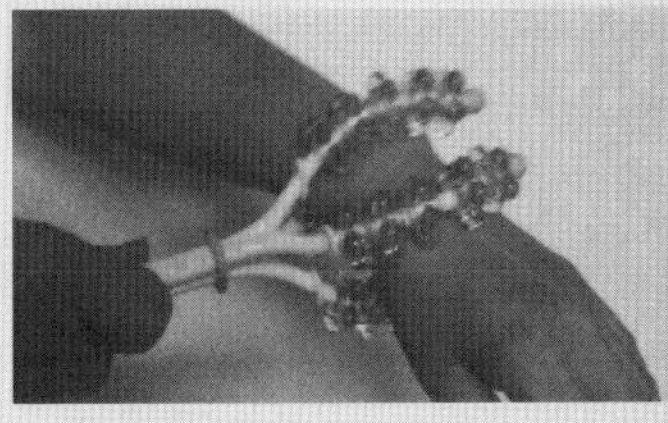

(9)哼哈雙拳

□(10)雙手協力・自助助人

高齡者活動參與成效評估表

<table>
<tr><td colspan="3">活動名稱</td><td colspan="2"></td><td>活動日期</td><td></td><td>評估者</td><td></td></tr>
<tr><td colspan="3">單元類型</td><td colspan="6"></td></tr>
<tr><td colspan="3">活動地點</td><td colspan="2"></td><td>參與人數</td><td colspan="3"></td></tr>
<tr><td colspan="3">活動帶領</td><td colspan="2"></td><td>協同帶領</td><td colspan="3"></td></tr>
<tr><td colspan="3" rowspan="2">活動評估</td><td colspan="5">住民活動參與程度評估</td><td>活動參與
特殊紀錄</td></tr>
<tr><td>參與意願</td><td>參與能力</td><td>互動程度</td><td>參與改變
—生理*</td><td>參與改變
—心理</td><td rowspan="2"></td></tr>
<tr><td colspan="3">分數說明</td><td>0拒絕參與
1被動參與
2引導後參與
3主動參與</td><td>0無法參與
1藉由協助可參與
2配合參與
3能力極佳</td><td>0拒絕互動
1被動互動
2配合活動
3投入互動</td><td>0無改變
1微柔軟
2較柔軟
3靈活</td><td>0憤怒
1放鬆
2愉快
3非常快樂</td></tr>
<tr><td>編號</td><td>姓 名</td><td>3/3ADL</td><td></td><td></td><td></td><td></td><td></td><td></td></tr>
<tr><td>1</td><td></td><td></td><td></td><td></td><td></td><td></td><td></td><td></td></tr>
<tr><td>2</td><td></td><td></td><td></td><td></td><td></td><td></td><td></td><td></td></tr>
<tr><td>3</td><td></td><td></td><td></td><td></td><td></td><td></td><td></td><td></td></tr>
<tr><td>4</td><td></td><td></td><td></td><td></td><td></td><td></td><td></td><td></td></tr>
<tr><td>5</td><td></td><td></td><td></td><td></td><td></td><td></td><td></td><td></td></tr>
</table>

*代表參與者在生理評估肢體柔軟度

※本評估表感謝嘉義縣私立尚愛老人養護中心的示範與建議。

參考文獻

內政部（2013）。〈老人福利服務專業人員資格及訓練辦法〉。2103/12/10。取自http://www.moi.gov.tw/。

內政部（2014）。「第十次（民國98年-100年）國民生命表」提要分析。2014/09/05。取自：http://sowf.moi.gov.tw/stat/Life/T06-complete.html

王唯工（2009）。《氣的樂章：氣與經絡的科學解釋，中醫與人體的和諧之舞》。台北：大塊。

王唯工（2010）。《氣血的旋律：血液為生命之泉源，心臟為血液之幫浦揭開氣血共振的奧祕》。台北：大塊。

王唯工（2013）。《以脈為師：科學解讀脈波曲線，以脈診分析治未病》。台北：商周。

王國明（2014）。〈台灣高齡問題的研究與實務面〉。《福祉科技與服務管理學刊》，第2卷第2期（2014年9月），頁93。

王培寧（2014）。〈台灣失智症危險因子探討〉。《台灣失智症協會會訊》，第35期，頁23-24。

王剴鏘（2010）。《臟腑力革命》。台北：東佑。

江孟冠（2002）。《長期照護機構管理者之人力資源管理措施與照顧服務員留任關係之探討》。國立台灣大學護理學研究所碩士論文，未出版，台北。

吳柔靚（2014）。《芳香療法對長照機構失智老人的健康促進影響之研究》。經國管理暨健康學院健康產業管理研究所碩士論文，未出版，基隆。

李會珍（2014）。〈失智症照顧模式現況〉。《台灣失智症協會會訊》，第35期，頁25-26。

李毓昭（譯）（2011）。龍村修著。《龍村式手指瑜伽》。台中：晨星。

汪國麟（2014）。〈拒絕大腦老化，你一定要認識的腦白質稀疏

症！〉，ETtoday新聞雲。2014/09/05。取自：http://www.ettoday.net/news/20140321/337563.htm#ixzz3CafjA230

林正祥（2014）。〈生命表中熵之變動趨勢——以台灣為例〉。台灣健康與社會學社年會暨「家庭、社區與健康」研討會論文集，頁34-51。台北：中央研究院社會學研究所。

林詩淳、蔡坤維、將瑞坤、范國聖（2008）。〈老年人的肺炎預防及護理〉。《志為護理》，第7卷第1期，頁65-70。

武國忠（2009）。《活到天年2：黃帝內經使用手冊》。台北：源樺。

邱倚璿、齊棊、張浩睿、王靜誼（2014）。〈有效注意力可提升年長者人臉圖片的記憶〉。《應用心理研究》，第60期，頁161-217。

洪慧娟譯（2001）。Piet Vroon, Anton van Amerongen & Hans de Vries原著。《嗅覺符碼：記憶和欲望的預言》。台北：商周。

洪蘭（譯）（2014）。Barbara Strauch著。《腦到中年照樣靈光》。台北：遠流。

活力大衛（2014）。〈高齡者音樂照護專業服務人員培訓課程〉。2014/04/02。取自：http://www.musiccare.com.tw/news_201300806.html

孫瑜（2014）。〈全國失智症流行病學調查之研究設計〉。《台灣失智症協會會訊》，第35期，頁4-6。

徐若英（譯）（2006）。李承憲著。《與腦對話——腦呼吸啟動生命能量》。台北：方智。

徐業良（2008）。《老人福祉科技與遠距居家照護技術》。台中：滄海書局。

疾病網、醫學圖（2014）。〈后溪穴位置圖〉。2104/10/12。取自：http://www.jibingnet.com/picture/xueweitu/56136.asp。

秦秀蘭（2012）。《認知老化的理論與實務》。台北：揚智。

秦秀蘭（2014）。《高齡期情緒調適活動方案之整全發展模式——機構照顧者實踐社群之行動研究》。103年度科技部醫學教育學門成果報告。計畫編號：NSC 102-2511-S-464-001。

張安之、李石勇、方鴻明（2012）。《氧生：21世紀最有效的防癌新革

命》。台北：時報出版。

張美惠（譯）（2003）。Jeffrey M. Schwartz & Sharon Begley著。《重塑大腦》。台北：時報出版。

許瑞云（2009）。《哈佛醫師養生法》。台北：平安文化。

許瑞云（2014）。《哈佛醫師心能量》。台北：平安文化。

郭育祥（2011）。《好好呼吸，甩掉老毛病》。台北：時報出版。

郭耿南、蔡艷清（2014）。〈中文健康識能評估表的發展〉。《國家衛生研究院電子報》，382。2014/09/05。摘自：http://enews.nhri.org.tw/enews_list_new2_more.php?volume_indx=382&showx=showarticle&article_indx=8179

陳曼華、李世代、張宏哲、謝碧晴（2006）。〈照顧服務員留任意願因素之探討——以台北縣市長期照護之機構為例〉。《新臺北護理期刊》，第8卷第1期，頁69-77。

陳達夫（2014）。〈失智症篩檢調查工具〉。《台灣失智症協會會訊》，第35期，頁7-18。

陳寬政、吳郁婷、董宜禎（2014）。〈出生時平均餘命趨緩成長與人口壽〉。台灣健康與社會學社年會暨「家庭、社區與健康」研討會論文集，頁52-64。台北：中央研究院社會學研究所。

童桓新（2014）。〈高齡民眾健康識能的發展與健康知識的傳播〉。《福祉科技與服務管理學刊》，第2卷第2期（2014年9月），頁99。

黃木村（2011）。《醫生說治不好的病，99%都靠自癒力》。台北：采實文化。

黃惠璣（2009）。〈長期照顧緒論〉。載於胡月娟（總校閱）。《長期照顧》，頁1-27。台北：新文京。

楊定一（2012）。《真原醫：21世紀最完整的預防醫學》。台北：天下雜誌。

楊定一、楊元寧（2014）。《靜坐的科學、醫學與心靈之旅：21世紀最實用的身心轉化指南》。台北：天下雜誌。

腦的美麗新境界（2014)。〈用腦體驗世界——精神功能ABC〉。

2014/10/12。取自：http://mhf.org.tw/wonderfulbrain/guide_b.htm#a02。

葉克寧、林克能、邱照華、李嘉馨、黃婉茹（2012）。《老人心理學》。台北：華都文化。

福樂多醫療福祉事業（2014）。加賀谷．宮本式音樂照顧實務課程研修。2014/04/01。取自：http://www.furoto.com.tw/10.2.1.php

劉韋欣、邱立安、林維真、岳修平、楊燿州（2014）。〈高齡者使用智慧藥盒之聲音提示效果研究〉。《應用心理研究》，第60期，頁45-84。

滕興才（2007年4月10日）。基於心臟律動的心理調節系統有助於減輕生活壓力——用"心"生活：心臟也在控制大腦。人民網科技版。取自：http://www.people.com.cn/

潘欣祥（2012）。《細胞日：綠能整合醫學療法》。台北：信實文化行銷。

蔡孟璇（譯）（2004）。Donna Eden, David Feinstein & Brooks Garten著。《能量醫療》。台北：琉璃光。

鄭世彬（譯）（2014）。長田裕著。《三指揉臉操，初老延後20年：腦神經外科名醫首創的無血刺絡療法》。台北：大是文化。

謝維玲（譯）（2014）。Margaret Sassé著。《聰明寶寶從五感律動開始》。台北：遠流。

簡志龍（2013）。《律動療法》。台北：遠流。

蘇貞瑛（2012）。〈芳香療法與健康照護〉。《科學發展》，第469期，頁26-31。

Arita, H. (2008). Brain Wave Vibration and Serotonin. Presented at the UN Brain Education Conference, New York. 2014/04/01. Retrieved from: http://bodyandbrain.ca/wp/?page_id=36

Benefitof (2014).Vibration therapy for the aged and elderly people. 2014/08/02. Retrieved from: http://benefitof.net/vibration-therapy-for-the-aged-and-elderly-people/

Bowden, D., Gaudry, C., An, S. C., & Gruzelier, J. (2012). A Comparative

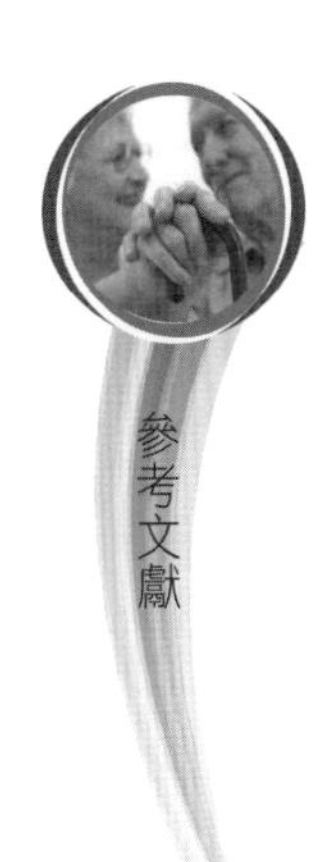

Randomised Controlled Trial of the Effects of Brain Wave Vibration Training, Iyengar Yoga, and Mindfulness on Mood, Well-Being, and Salivary Cortisol. *Evidence-Based Complementary and Alternative Medicine*. Volume 2012, Article ID 234713. 2014/04/01. Retrieved from: http://www.hindawi.com/journals/ecam/2012/234713/

Bowlby, J. (1969).Attachment and loss: Volume I: Attachment. *The International Psycho-Analytical Library, 79*, 1-401.

Cappell, K. A., Gimeindl, L., & Reuter-Lorenz, P. A. (2010). Age differences in prefrontal recruitment during verbal working memory maintenance depend on memory load. *Cortex, 46*, 462-473.

Cheville, J. (2005). Confronting the problem of embodiment. *International Journal of Qualitative Studies in Education, 18*(1), 85-107.

Consedine, N., & Magai, C. (2003). Attachment and emotion experience in later life. *Attachment & Human Development, 5*(2), 165-187.

Cookman, C. (2004). Attachment in older adulthood: Concept clarification. *Journal of Advanced Nursing, 50*(5), 528-535.

Deborah, K. (2008, June 5). Relax! Stress, if managed, can be good for you. *U.S. News & World Report, 144*(17), 00415537.

Dickerson, B. C., Feczko, E., Augustinack, J. C., Pacheco, J., Morris, J. C., Fischl, B., & Buckner, R. L. (2009). Differential effects of aging and Alzheimer's disease on medial temporal lobe cortical thickness and surface area. *Neurobiology of Aging, 30*, 432-440.

Emery, L., Heaven, T. J., Paxton, J. L., & Braver, T. S. (2008). Age-related changes in neural activity during performance matched working memory manipulation. *NeuroImage, 42*, 1577-1586.

Forster, L., Kochhann, R., Chaves, M. L., Roriz-Cruz, M. (2010). Neuropsychological aspects of cognitive aging. In Q. Gariépy & R. Ménard (Eds.), *Handbook of Cognitive Aging: Causes, Processes and Effects* (397-412). New York: Nova.

Fulton, K. (2013). Functional U. 2014/01/10. Retrieved from: https://www.

rhythmforgood.com/

Halevi, Z. S. (1979). *Kabbalah: Tradition of Hidden Knowledge*. London: Thames and Hudson.

Hedden, T., & Gabrieli, J. D. (2004). Insights into the ageing mind: A view from cognitive neuroscience. *Nature Reviews Neuroscience, 5*, 87-96.

Hsiu Lan Chin, & Ying Tsun Hung (2014). Leadership in Senior Volunteer Community: The Transition of Social Capital of Female Elder in Taiwan. *International Journal of Advances in Management Science* (IJ AMS) 3(1). DOI: 10.14355/ijams. 2014.0301.06.

Kaschak, M. P., Maner, J K., Miller, S., & Coyle, J. M. (2009). Embodied social cognition: Bodies, emotions, and blackberries. *European Journal of Social Psychology, 39*, 1255-1256. (Published online in Wiley Inter-ScienceRaz, N., & Rodrigue, K. M. (2006). Differential aging of the brain: Patterns, cognitive correlates and modifiers. *Neuroscience and Biobehavioral Reviews, 30*, 730-748.

Kostanjsek, N., Rubinelli, S., Escorpizo, R., Cieza, A., Kennedy, C., Selb, M., Stucki, G., & Üstün, T. B. (2011). Assessing the impact of health conditions using the CIF. *Disability & Rehabilitation, 33*(15-16), 1475-1482.

Lee, I. C. (2008). *Brain Wave Vibration: Getting Back into the Rhythm of a Happy, Healthy Life*. Best Life Media.

Liberman, J. (1995). *Take Off Your Classes and See: A Mind/ Body Approach to Expanding Your Eyesight and Insight*. New York: Three Rivers Press.

Mark, S. (2007). *Kabbalah for Health & Wellness*. Minn.: Llewellyn Publications.

Matthews, J. C. (1998). Somatic knowing and education. *Educational Forum, 62*(3), 236-242.

Merriam, S. B., Caffarella, R. S., & Baumgartner, L. M. (2007). *Learning in Adulthood: A Comprehensive Guide* (3rd ed), p.38. Jossey-Bass Publishers.

Nike Free (2014)。Nike Free自然律動。2014/08/02，Retrieved from:

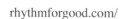

http://kenlu.net/2014/03/nike-free-3-0-flyknit-free-4-0-flyknit-free5-0/

Noburu, K. (2008). The Psychological Effects of Brain Wave Vibration. Presented at the UN Brain Education Conference, New York. 2014/04/01. Retrieved from: http://bodyandbrain.ca/wp/?page_id=36

Raz, N. (2008). Aging of the brain and its impact on cognitive performance: Integration of structural and functional finding. In Fergus I.M. Craik & Timothy A. Salthouse (Eds.), *Handbook of Aging and Cognition* (pp. 1-90). Mahwah, NJ: Erlbaum.

Raz, N., & Rodrigue, K. M. (2006). Differential aging of the brain: Patterns, cognitive correlates and modifiers. *Neuroscience and Biobehavioral Reviews, 30*, 730-748.

Reuter-Lorenz, P. A., & Park, D. C. (2010). Human neuroscience and the aging mind: a new look at old problems. *Journal of Gerontology: Psychological Science, 65B*(4), 405-415.

Scheibe S., & Carstensen, L. L. (2010). Emotional aging: Recent findings and future trends. *Journal of Gerontology: Psychological Science, 65B*(2), 135-144.

Siegesmund, R. (2004). Somatic knowledge and qualitative reasoning: From theory to practice. *Journal of Aesthetic Education, 37*(1), 54-64.

Sincero, S. M. (2014). How does stress affect performance? Retrieved July, 20, 2014, from https://explorable.com/how-does-stress-affect-performance.

Stavish, M. (2007). *Kabbalah: for Health & Wellness*. Minnesota: Llewellyn Publications.

Stavish, M. (2007). *Kabbalah: for Health & Wellness*. Minnesota: Llewellyn Publications.

Stewart, W. B. (2009). *Deep Medicine: Harnessing the Source of Your Healing Power.* CA: New Harbinger Publications.

Stirling, E. (2010). *Valuing Older People: Positive Psychological Practice.* Malden, MA: Wiley-Black Well.

Sze, J. A., Goodkind, M. S., Gyurak, A., & Levenson, R. W. (2012). Aging and Emotion Recognition: Not Just a Losing Matter. *Psychology & Aging, 27*(4), 940-950.

Sze, J. A., Goodkind, M. S., Gyurak, A., & Levenson, R. W. (2012). Aging and emotion: Not just a losing matter. *Psychology and Aging, 27*(4), 940-950. DOI: 10.1037/a0029367.

Terry, P. (2008). *Counselling and Psychotherapy with Older People: A Psychodynamic Approach* (2nd ed.). New York: Palgrave Macmillan.

The Body Intelligence Summit (2014). Discover the joy of embodied connection to yourself, others and the world. 2014/08/14. Retrieved from: http://bodyintelligencesummit.com.

Thompson, R. A. (1994). Emotion regulation: A theme in search of definition. Monographs of the Society for Research. *Child Development, 59*, 25-52.

Todorov, A., Fiske, S., & Prentice, D. (2011). Intrduction. In Alexander Todorov, Susan Fiske & Deborah Prentice (eds.). *Social Neuroscience: Toward Understanding the Underpinnings of the Social Mind* (XI). New York: Oxford.

Trusty, J., Ng, K-M., & Watts, R. E. (2005). Model of effects of adult attachmenton emotional empathy of counseling students. *Journal of Counseling & Development, 83*, 66-77.

Vos, P., Cock, O. D., Petry, K., Den Noortgate, W. V., & Maes, B. (2013). See me, feel me. Using physiology to validate behavioural observations of emotions of people with severe or profound intellectual disability. *Journal of Intellectual Disability Research, 57*(5), 452-461. Doi: 10.1111/jir.12030.

Voss, M. W., Erickson, K. I., Prakash, R. S., Colcombe, S. J., Morris, K. S., & Kramer, A. F. (2008). Dedifferentiation in the visual cortex: An fMRI inventigation of individual differences in older adults. *Brain Research, 1244*, 121-131.

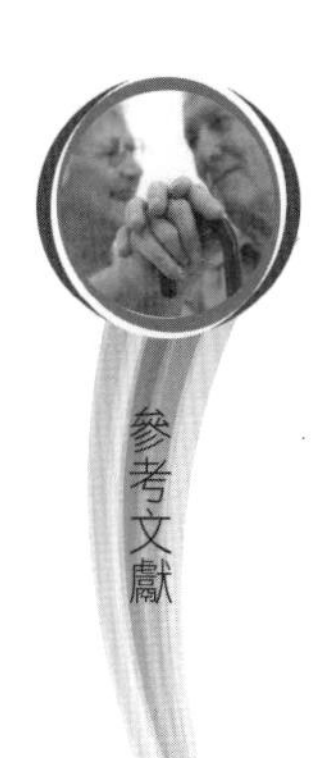

國際律動與微能量相關參考網站

國際微能量與能量醫學研究學會（International Society for the Study of Subtle Energies & Energ Medicine)，http://www.issseemblog.org

BRAIN Wave Vibration網站，http://www.brainwavevibration.com

Donna Eden能量醫學網站，http://innersource.net/em/about/donna-eden.html

Educational Kinesiology Foundation網站，http://www.braingym.com

國家圖書館出版品預行編目（CIP）資料

機構高齡活動設計理論與實務 : 律動、能量、團體動力 / 秦秀蘭著. -- 初版. -- 新北市 : 揚智文化, 2014.12

面； 公分

ISBN 978-986-298-166-5(平裝)

1.老人養護 2.休閒活動

544.85 103023878

機構高齡活動設計理論與實務

——律動、能量、團體動力

作　　者／秦秀蘭
出 版 者／揚智文化事業股份有限公司
發 行 人／葉忠賢
總 編 輯／閻富萍
特約執編／鄭美珠
地　　址／新北市深坑區北深路三段 260 號 8 樓
電　　話／(02)8662-6826
傳　　真／(02)2664-7633
網　　址／http://www.ycrc.com.tw
E-mail ／service@ycrc.com.tw
印　　刷／鼎易印刷事業股份有限公司
ISBN ／978-986-298-166-5
初版一刷／2014 年 12 月
初版三刷／2021 年 8 月
定　　價／新台幣 350 元